职业教育·城市轨道交通类专业教材

城市轨道交通车辆基础

邱志华　陈柳栋　**主　编**
余　浩　刘　亚　**副主编**
刘　超　**主　审**

人民交通出版社

北京

内 容 提 要

本教材为职业教育城市轨道交通类专业教材,其主要内容包括城市轨道交通发展及车辆基本知识、车体及司机室与客室、转向架、车门、车辆连接装置、制动与供风系统、牵引系统装置、辅助供电系统装置、乘客信息系统和空调系统10个项目。本教材旨在让城市轨道交通类专业学生了解岗位技能要求,系统认知城市轨道交通车辆系统的结构,掌握重要总成和部件的工作原理,同时为后续专业课程的学习奠定坚实的基础。

本教材可作为职业院校城市轨道交通类专业教材,也可以作为城市轨道交通运营公司运营服务人员的学习参考资料。

﹡本教材配套PPT课件等教学资源,任课教师可加入"职教轨道教学研讨群(QQ群:129327355)"获取。

图书在版编目(CIP)数据

城市轨道交通车辆基础/邱志华,陈柳栋主编．
北京:人民交通出版社股份有限公司,2025.1.
ISBN 978-7-114-19734-5

Ⅰ．U239.5

中国国家版本馆CIP数据核字第2024X4T959号

职业教育·城市轨道交通类专业教材
Chengshi Guidao Jiaotong Cheliang Jichu

书　　名:	城市轨道交通车辆基础
著 作 者:	邱志华　陈柳栋
责任编辑:	杨　思
责任校对:	赵媛媛　魏佳宁
责任印制:	张　凯
出版发行:	人民交通出版社
地　　址:	(100011)北京市朝阳区安定门外外馆斜街3号
网　　址:	http://www.ccpcl.com.cn
销售电话:	(010)85285911
总 经 销:	人民交通出版社发行部
经　　销:	各地新华书店
印　　刷:	北京市密东印刷有限公司
开　　本:	787×1092　1/16
印　　张:	13.5
字　　数:	311千
版　　次:	2025年1月　第1版
印　　次:	2025年1月　第1次印刷
书　　号:	ISBN 978-7-114-19734-5
定　　价:	49.00元

(有印刷、装订质量问题的图书,由本社负责调换)

前言

【编写理念】

本教材面向职业院校城市轨道交通专业学生,从城市轨道交通行业岗位职业能力需求出发,以项目为导向,以学生能力培养为目标,系统构建城市轨道交通专业群轨道车辆结构所需的知识,满足岗位所需的职业能力需求,力争使学生更多地了解和掌握城市轨道交通车辆的新知识、新技术、新工艺、新方法。

【课程定位】

城市轨道交通车辆是集机械、电气、控制、材料和通信等多专业先进技术于一体的机电设备,也是城市轨道交通运输的核心设备。作为从事城市轨道交通运营与服务工作的一线生产技术人员,必须了解和掌握城市轨道交通车辆构造知识,因此该课程是城市轨道交通运营管理专业的重要专业基础课程。

【教材特色】

(1)突出职业素养的培养目标,彰显职业教育的特色。在编写过程中,编者巧妙地融入了我国轨道交通车辆从弱到强、从引进技术到自主创新的历程,有效地激发了学生的民族自豪感与自信心。本教材在每个教学单元中结合实际工作,渗透职业素养,助力学生形成正确的职业观念,为学生未来的职业生涯奠定坚实的基础。

(2)在内容的选择上,力求反映行业最新技术发展动态。教学内容选用以北京地铁、广州地铁、深圳地铁和武汉地铁等为代表的城市轨道交通车辆,即涵盖中车主流的车型技术,满足教材普适性的要求,便于不同地区的学校选用;同时,把最新的中国标准地铁 A 型车相关知识编入了教材,突出了城市轨道交通车辆新技术、智能化和智慧化的发展趋势。

(3)遵循职业教育人才成才规律。本教材遵循"从简单到复杂,从外围到核心,从形象到抽象"的原则,以知识够用为度,强化专业实训技能,弱化力学分析,紧密结合车辆基础理论,科学地设置从基础到机械,由电气到通信的10个项目的学习内容。本教材强调以学生为中心,注重理论与实践一体,将岗位要求和行业标准流程融入课程内容,突出职业岗位核心能力的培养,强化实践环节的训练。

【编写分工】

本教材由广州市交通运输职业学校邱志华、陈柳栋担任主编,广州市交通运输职业学校余浩、刘亚担任副主编。广州市交通运输职业学校张迪、罗怀英,广东交通职业技术学院宋以华以及广州地铁集团有限公司徐礼文参与编写。具体分工如下:邱志华编写项目1和项目6,徐礼文、陈柳栋编写项目2,余浩编写项目3,刘亚编写项目4和项目5,罗怀英编写项目7和项目8,宋以华编写项目9,张迪编写项目10。广州地铁集团有限公司邱明奎对教材的编写给予了技术支持。本教材由邱志华统稿,由广州地铁集团有限公司刘超担任主审。

【致谢】

本教材在编写过程中得到了广州地铁、深圳地铁、武汉地铁、广州中车轨道交通装备有限公司等单位在技术资料方面的支持,在此表示感谢!同时,在编写过程中,编者参考了大量专业书籍、杂志和学位论文等,在此对其作者表示衷心的感谢!

由于编者水平有限,书中不足之处在所难免,敬请读者批评指正。

编 者

2024年6月

数字资源列表

资源使用说明：

1. 扫描封面二维码，注意每个码只可激活一次；
2. 长按弹出界面的二维码关注"交通教育出版"微信公众号并自动绑定资源；
3. 公众号弹出"购买成功"通知，点击"查看详情"，进入后即可查看资源；
4. 也可进入"交通教育出版"微信公众号，点击下方菜单"用户服务—图书增值"，选择已绑定的教材进行观看。

序号	资源名称
1	车辆、车侧、车门、座位的标识
2	驾驶台设备总体布置
3	城市轨道交通车辆高度控制阀工作原理
4	城市轨道交通车辆抗侧滚扭杆与安全钢索的结构及原理
5	塞拉门结构认知
6	内藏式与塞拉式客室车门紧急解锁原理比较
7	城市轨道交通车辆车钩及缓冲装置的日检作业
8	城市轨道交通车辆螺杆式压缩机工作原理
9	受电弓故障处理
10	交流牵引电动机结构
11	城市轨道交通车辆司控器的一般检修作业
12	辅助逆变器的结构
13	乘客信息系统的使用

目录

项目 1　城市轨道交通发展及车辆基本知识 ………………………… 1
　单元 1.1　城市轨道交通车辆发展与特点 ………………………… 3
　单元 1.2　城市轨道交通车辆类型和组成 ………………………… 7
　单元 1.3　城市轨道交通车辆编组和标志 ………………………… 15
　单元 1.4　城市轨道交通车辆技术参数 …………………………… 18
　复习思考题 ………………………………………………………… 21

项目 2　车体及司机室与客室 ……………………………………… 22
　单元 2.1　车体概述 ………………………………………………… 24
　单元 2.2　车体技术的发展 ………………………………………… 29
　单元 2.3　司机室及车体外部设备 ………………………………… 32
　单元 2.4　客室 ……………………………………………………… 36
　复习思考题 ………………………………………………………… 40

项目 3　转向架 ……………………………………………………… 42
　单元 3.1　转向架概述 ……………………………………………… 44
　单元 3.2　轮对轴箱装置结构 ……………………………………… 51
　单元 3.3　弹簧减振装置结构 ……………………………………… 56
　单元 3.4　牵引连接装置、驱动装置和基础制动装置 …………… 60
　复习思考题 ………………………………………………………… 62

项目 4　车门 ………………………………………………………… 63
　单元 4.1　车门的特点、类型及编号 ……………………………… 65
　单元 4.2　车门的结构及控制原理 ………………………………… 70
　单元 4.3　车门的功能 ……………………………………………… 77
　复习思考题 ………………………………………………………… 83

项目 5	车辆连接装置	84
单元 5.1	车钩缓冲装置概述	86
单元 5.2	车钩缓冲装置结构	87
单元 5.3	缓冲装置	96
单元 5.4	贯通道装置	99
复习思考题		103

项目 6	制动与供风系统	105
单元 6.1	制动系统的基本概念、特点和类型	107
单元 6.2	供风系统	113
单元 6.3	基础制动装置	119
单元 6.4	典型车辆制动系统	123
复习思考题		130

项目 7	牵引系统装置	132
单元 7.1	牵引系统概述	134
单元 7.2	牵引系统主电路结构和工作原理	136
复习思考题		155

项目 8	辅助供电系统装置	157
单元 8.1	辅助供电系统概述	159
单元 8.2	辅助供电系统的组成与原理	161
单元 8.3	蓄电池充电器与蓄电池	165
单元 8.4	辅助供电系统的供电模式与列车启动关闭	170
复习思考题		176

项目 9	乘客信息系统	177
单元 9.1	乘客信息系统概述	179
单元 9.2	列车广播系统	180
单元 9.3	乘客信息显示系统	183
单元 9.4	视频监控系统	185
复习思考题		189

项目 10	空调系统	190
单元 10.1	空调系统概述	192
单元 10.2	空调系统的组成及工作原理	194
单元 10.3	空调控制系统	201
复习思考题		206

参考文献 207

项目 1
城市轨道交通发展及车辆基本知识

内容概述

本项目介绍了世界城市轨道交通和我国城市轨道交通的发展历史，分析了我国城市轨道交通发展现状与趋势，系统概述了我国"国产—引进—吸收—创新—中国标准"的城市轨道交通车辆发展历程、特点、分类、主要组成、编组和标志等基本知识。图 1-1 为城市轨道交通车辆的组成。

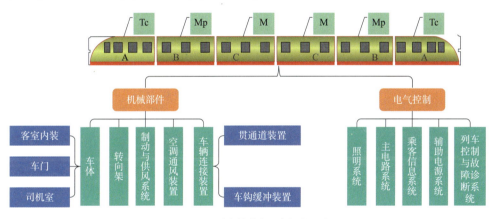

图 1-1　城市轨道交通车辆的组成

知识目标

1. 了解城市轨道交通车辆发展历程与特点；
2. 了解城市轨道交通车辆的组成与作用；
3. 熟悉城市轨道交通车辆相关技术参数；
4. 掌握列车编组、标志方法和城市轨道交通车辆限界。

能力目标

1. 能识别城市轨道交通车辆主要设备；
2. 能根据给出的列车设备名称找到相应的车辆设备；
3. 能根据城市轨道交通车辆典型技术参数判定车辆类型。

素质目标

1. 学习城市轨道交通发展史，培养自主创新的意识；
2. 阅读车辆发展历程，培养专业认同感；
3. 增强从事城市轨道交通行业的自豪感。

建议学时

6学时。

单元 1.1　城市轨道交通车辆发展与特点

一、城市轨道交通车辆发展

1. 电气牵引系统发展

随着大功率半导体控制技术的发展,我国城市轨道交通车辆经历了多次更新换代。根据电气牵引系统的不同,城市轨道交通车辆历经了凸轮调阻车、斩波调阻车、斩波调压车和调频调压车等发展阶段。其中,凸轮调阻车、斩波调阻车和斩波调压车采用直流牵引电动机,而调频调压车则采用节能效率高的交流牵引电动机。由于我国大部分城市地铁都是 20 世纪 90 年代后期才开始运营的,因此,地铁在用车辆大多采用调频调压交流牵引电动列车。

(1)第一代:凸轮调阻车。

第一代凸轮调阻车也称变阻控制器车(图 1-2),于 20 世纪 60 年代末期至 90 年代中期生产,典型型号有 DK2、DK3、DK4、DK20、BD1 等。其中,DK20 车身最大长度为 19000mm,最大宽度为 2800mm,最大高度为 3695mm,最高速度为 80km/h;采用直流牵引电动机驱动,控制方式为凸轮调阻制动,即由列车司机给出牵引(电制动)指令,凸轮变阻控制器受控旋转 20 个级位,实现逐级改变启(制)动电阻,从而调节牵引电动机的转速(图 1-3)。凸轮调阻车常用制动方式为电阻制动和空气制动。紧急制动是纯空气制动。凸轮调阻车客室内采用自动报站广播,设有供乘客向列车司机紧急报警的按钮。

a)

b)
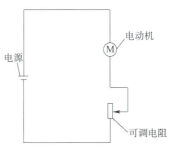

图 1-2　第一代国产凸轮调阻车　　　图 1-3　凸轮调阻原理示意图

(2)第二代:斩波调压车(斩波调阻车)。

20 世纪 70 年代,由大功率可控硅组成的斩波器取代了凸轮片调阻。斩波调阻车与斩波调压车(图 1-4)都是直流牵引电动机列车,它们近乎平行发展共存了 30 多年。这两类车型的共同点是避免了凸轮调阻车经常发生的变阻控制器卡位故障。

斩波调压车是利用斩波器替代凸轮变阻控制器控制启(制)动电阻,能耗与凸轮调阻车相同。斩波调压车不存在启动电阻,且可以实现再生制动,所以在直流牵引电

◎ 图 1-4　斩波调压车

动机列车中,斩波调压车具有极为优异的节能表现。它的斩波机组由逆阻型快速晶闸管构成,还可由新型的逆导晶闸管、可关断晶闸管(GTO)构成。斩波机组中主晶闸管串入牵引电动机电路,并以适当的频率(一般不超过220Hz)接通或切断电路。根据晶闸管导通与关断的时间比(导通角)不同,牵引电动机端电压的平均值发生变化,从而实现调速。

斩波器的工作方式有两种:一是脉宽调制方式,周期不变,改变通电时间;二是频率调制方式,通电时间不变,改变周期。斩波调压原理及斩波器工作方式示意图如图 1-5 所示。

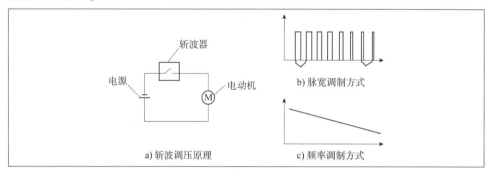

◎ 图 1-5　斩波调压原理及斩波器工作方式示意图

(3)第三代:调频调压车。

20 世纪 80 年代,随着电力半导体开关的可靠应用,大功率变频得以实现,这使得性能优越的鼠笼式三相交流电动机在电动列车上得以应用。调频调压车通过牵引逆变器来改变频率和电压,实现电动机转速(和频率成正比)与转矩的控制。调频调压(Variable Voltage and Variable Frequency,VVVF)即可变电压、可变频率(变压变频)。与直流传动系统相比,交流传动系统采用牵引逆变器无控制鼠笼式三相交流电动机,省去了直流传动所需的正反向转换开关和牵引制动转换开关,实现了牵引系统小型化、轻量化,且维修作业量显著减少;电能再生率达 35% 左右,节电效果显著。因此,调频调压车成为城市轨道交通车辆的主流。调频调压车及其调频调压原理示意图如图 1-6 所示。

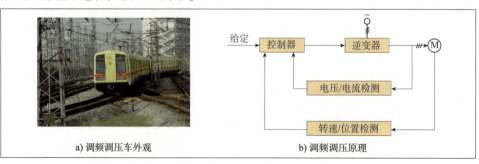

◎ 图 1-6　调频调压车及其调频调压原理示意图

2. 近年来我国城市轨道交通车辆的新发展

（1）全自动无人驾驶车辆。

全自动无人驾驶车辆是在没有司机参与的情况下，实现列车的全自动运行。2014年，上海地铁10号线正式启动全自动无人驾驶运营模式，这是我国第一条自动化等级达到最高级（GoA4级）的无人驾驶地铁线路，填补了我国全自动无人驾驶领域的空白。全自动无人驾驶列车可实现自动唤醒、自检、自动运行、精确停车、开关车门、自动洗车、休眠，以及在故障情况下实现远程复位等功能，具有减小人为操作失误的影响，保证操作准确性，缩短发车、折返时间的优点。全自动无人驾驶车辆在驾驶运行模式的基础上新增FAM模式［列车自动防护（ATP）监控下的列车自动运行模式］、CAM模式（FAM模式下的应急模式）。在CAM模式下，ATP监控列车以不超过25km/h的速度自动运行至车站对标停车，自动打开车门完成乘客的乘降后，在站台等待工作人员上车，对故障进行处理。在控制方式方面，全自动无人驾驶车辆的电气设备增加了远程控制功能，以实现无人驾驶；在车辆状态监控方面，增加了车辆设备运行状态监视、乘客界面相关功能监控和障碍物/脱轨检测。

（2）中国标准地铁车辆。

为突破关键核心技术，打造满足我国需求、技术先进的标准化地铁列车平台，2019年7月，中国中车联合中国城市轨道交通协会、各地铁公司、科研院校及协作单位，共同实施了系列化中国标准地铁列车研制及试验项目。2021年6月28日，首列中国标准地铁列车在郑州下线。中国标准地铁列车（图1-7）拥有完全自主知识产权，中国标准覆盖率达到85%及以上，核心技术、关键部件全面自主研发，所有关键零部件均实现自主研发制造。2022年12月21日，中国标准地铁速度120km/h B型车在中车株机公司下线。2023年6月29日，速度80km/h的A型中国标准地铁列车在广州发布，并在广州地铁投入运营。

◎ 图1-7 中国标准地铁列车外观图

中国标准地铁列车的下线完善了我国地铁车辆标准体系，引领我国城市轨道交通装备标准化发展，降低了城市轨道交通全寿命周期成本，提升了我国城市轨道交通装备技术的核心竞争力，为实现城市轨道交通高质量可持续发展、助力交通强国战略提供了重要的装备支撑。

此外，2017年12月30日，北京首条中低速磁浮线路地铁S1线开通。目前，北京地铁多条线路已经采用基于列车自动驾驶（ATO）、有人值守列车自动运行（DTO）、无人值守列车自动运行（UTO）控制技术的自动驾驶运行模式，其中在大兴机场线运营的列车最高速度已达到160km/h。

知识拓展

首列 A 型中国标准地铁列车下线

2023年6月29日,我国首列设计速度80km/h的A型中国标准地铁列车在广州亮相。该列车全面采用中国标准,28项关键部件实现自主化,具有智慧先进、绿色节能、安全舒适等特点,标志着系列化中国标准地铁列车项目取得重要成果,我国城市轨道交通装备水平步入崭新阶段。该列车采用永磁牵引系统和轻量化高频辅逆系统,运用综合节能控制技术。与传统异步牵引系统相比,整车节能超过15%,每列车减重600kg以上,有效降低了运行能耗。

此次发布速度80km/h的A型中国标准地铁列车由广州地铁集团有限公司与中车长春轨道客车股份有限公司共同研制,实现了关键部件自主化、零件通用化、部件模块化、系统集成化、功能配置化、整车标准化等,车体、转向架等关键系统全面采用中国标准,轴承、联轴节、芯片、高低压电气元器件等28项关键部件实现自主化。该列车在智慧化、智能化方面也有较大突破:配置智能运维系统,实现对列车关键系统在线状态的实时监测;同时搭载弓网、轨道、隧道等综合检测系统,可结合实际运营工况对其他专业设备进行监测,犹如随车配备"地铁医生"。

未来的城市轨道交通车站也将装上"智慧大脑",采用全场景、全功能智慧车站,实现运营业务的自动化控制和智慧化管理,让车站拥有更"聪明"的"智慧大脑"。这对于运营服务和管理来说,实现了从"手工操作"到"人工智能"的升级,运营管理更加科学高效。

请思考:"智慧城轨"背景下要成为高素质技能型人才,我们需具备哪些新技能?

二、城市轨道交通车辆特点

城市轨道交通车辆是用来运输乘客的运输工具,不同类型的城市轨道交通车辆各有特点,车辆总体上朝轻量化、节能、少维修、舒适、高可靠性、高安全性的方向发展。现代城市轨道交通车辆具有以下特点:

(1)列车动力分散布置,能根据需要由各种非动力车和动力车组合成相对固定的编组,两端设置司机室;考虑隧道界线的限制,车辆和各种车载设备设计紧凑。

(2)列车运行快速准时,安全舒适。城市轨道交通车辆在专用的轨道上行驶,不受其他交通工具的干扰和影响,不会产生线路堵塞问题。其特定的路权方式使得系统安全可靠,能够实现高密度运转,列车运行间隔时间、候车时间短,同时能给乘客提供相对舒适的环境。

(3)列车车体轻量化。采用大截面中空挤压铝型材结构和整体承载结构,在满足安全和强度的前提下,能最大限度地减轻车体自重。

(4)相邻车辆之间采用车钩进行机械、电气和气路的连接;车厢之间采用全封闭贯通道连接。这样既增加了车厢内的客容空间,便于均匀分布乘客,特殊情况下也是相邻车厢间的应急疏散通道。

(5)列车车门数量多。为使列车停站时能满足大量乘客的乘降需求,在较短时间内尽可能完成客流交换,车门数量较多,每辆车车门数为6~10个。

(6)列车采用 VVVF 交流传动。为降低能耗,列车制动时采用电气(再生制动、电阻制动)和空气的混合制动。

(7)列车具有先进的计算机控制技术及故障自诊断功能。列车采用列车自动控制(ATC)、ATO 和 ATP 等自动控制设备,并配备相应的车载设备,实现了信号控制和行车控制自动化。有些城市轨道交通线路已经实现了列车无人驾驶运营模式。

(8)车辆系统的部件设计和材料选用都以列车运行和乘客的安全为首要原则,设备正常功能失效时,其响应都将以安全为导向目标。

单元1.2　城市轨道交通车辆类型和组成

一、城市轨道交通车辆类型

城市轨道交通车辆一般按照车体宽度、牵引动力配置和车辆安装设备来分类,现分别介绍。

1. 按照车体宽度分类

我国城市轨道交通车辆种类较多,各城市由于运营要求和地质条件不同,对列车的要求也不同。以地铁为例,2022 年 12 月,交通运输部颁布的《地铁车辆运营技术规范(试行)》(交办运〔2022〕84 号)明确了 A 型车和 B 型车结构参数,其分类依据是车体宽度,见表1-1。

车辆基本结构参数　　　　表1-1

序号	名称	A 型车	B 型车
1	车体长度(mm)①	21880	19000
2	车辆长度(mm)②	22800	19520
3	车体宽度(mm)③	3000	2800
4	车体宽度(mm)④	≤3800	
5	车辆高度(mm)⑤	≤3850	
6	车内净高(mm)⑥	≥2100	
7	地板面高度(mm)⑦	1130	1100

续上表

序号	名称	A 型车	B 型车
8	车辆轴数(mm)	4	4
9	车辆定距(mm)	15700	12600
10	固定轴距(mm)	2200~2500	2000~2300

注:①指车体两外端墙板外表面间的水平距离,带司机室的车辆和具有重联运行功能的车辆可适当调整。

②指车辆处于自由状态、车钩呈锁闭状态时,两端车钩连接面间的水平距离。带司机室的车辆可适当调整。

③指车体两侧墙外表面的最大横向水平距离。采用鼓形车体时,A 型车和 B 型车的车体宽度分别为 3090mm 和 2890mm,车体地板面处宽度分别为 3000mm 和 2800mm。

④指车辆平直轨面到车体顶部最高点的垂直距离。

⑤指车辆平直轨面到车辆顶部(含受电弓和空调机组,且受电弓处于落弓状态)最高点的垂直距离。

⑥指地板上平面至车顶中央部位内表面间的垂直距离,也称客室顶板距地板面高度。

⑦指在新轮状态下空车时客室地板面与柜面的垂直距离,也称地板面距柜面高度。

城市轨道交通车辆的选型,主要依据线路远期高峰小时的运量大小来确定。通常,高运量为单向运能 5 万~7 万人次/h,选择 A 型车;大运量为单向运能 3 万~5 万人次/h,选择 B 型车或 A 型车。

2. 按照牵引动力配置分类

按照城市轨道交通车辆牵引动力配置分类,其可分为动车(Motor)和拖车(Trailer)两类。其中,动车以 M 表示,拖车以 T 表示,带司机室拖车以 Tc 表示。城市轨道交通车辆 6 节编组形式如图 1-8 所示。

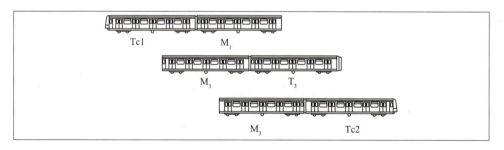

图 1-8　城市轨道交通车辆 6 节编组形式

3. 按照车辆安装设备不同分类

在一列车组中,有些城市轨道交通车辆按照欧系车辆的习惯,依据车辆所安装设备的不同分为 A 车、B 车、C 车三种类型,如图 1-9 所示。

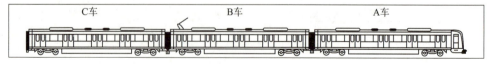

图 1-9　城市轨道交通车辆 A 车、B 车、C 车

A车:带有司机室的拖车,本身无动力,依靠有动力的车辆拖动。

B车:无司机室的动车,其转向架上带有牵引电动机,车顶装有受电弓或车下装有集电靴。

C车:无司机室的动车,其转向架上带有牵引电动机,车底装有空气压缩机(简称空压机)。

我国轻轨电动车辆有三种形式:4轴动车、6轴单铰接式和8轴双铰接式车辆。其中,6轴单铰接式是双向运行的动车,车长23m或28m,车宽2.65m;8轴双铰接式车长26m,车宽2.4m。

> **特别提示**
> (1)广州地铁列车组中的A车、B车和C车与按车体宽度分类的A型车、B型车和C型车所表达的意义不同。
> (2)部分线路列车受电弓装在带司机室的拖车上方,空气压缩机安装在头车车底。
> (3)广州地铁1~4号线均采用按车辆所安装设备的分类方法。

二、城市轨道交通车辆组成

城市轨道交通车辆是城市轨道交通系统中最关键、最复杂的机电设备,它是多专业综合性产品,涉及机械、电气、自动控制和材料等多个领域,通过各个相对独立的子系统有机地结合在一起,实现列车的安全、可靠和高品质运行。城市轨道交通车辆主要由车体及客室内装、转向架、车门系统、车辆连接装置、制动和风源系统、电气牵引装置、辅助供电系统、列车乘客信息系统、列车控制和故障诊断系统、空调与通风系统等构成。

1. 车体及客室内装

(1)车体。

车体是城市轨道交通车辆结构的主体,是用来供乘客乘坐和司机驾驶(有司机室的车辆)的部分,也是安装与连接其他设备和部件的基础,其主要作用是承受外部阻力,传递牵引力,隔音、减振和保暖。车体通常由底架、端墙、侧墙和车顶等组成。车体的主体结构通常采用铝合金大断面蜂窝结构挤压型材组焊而成。车体结构为轻型、整体式承载模块化全焊接结构,底架、侧墙、端墙和车顶焊接而成的车体框架形成一个整体,能充分发挥车体各构件强度,提高列车整体刚度。

(2)客室内装。

客室内装包括地板、预制成型的顶板、侧墙板、侧顶盖板、车窗和空调的进排风口等,通常安装有客室立柱、拉手、座椅、电气设备控制柜和灭火器等设备,如图1-10所示。

2. 转向架

转向架是车辆走行装置,又称走行部,用来牵引和引导车辆沿轨道行驶,承受并传递来自车体及线路的各种载荷,是城市轨道交通车辆非常重要的组成部件之一,是保证车辆运行品质、动力性能和安全行车的关键部件,其性能决定了列车运行速度、载质量、乘坐舒适性和安全性。通常车辆在大修和架修中需要对转向架进行重点检查和维修。

转向架主要由构架、轮对、轴箱、一系悬挂装置、二系悬挂装置和基础制动装置等组成(图1-11)。转向架分为动车转向架和拖车转向架两类。动车转向架和拖车转向架的主要区别在于是否配有动力装置。

◎ 图1-10　客室内装　　　　　　　　　◎ 图1-11　转向架

3. 车门系统

根据轨道交通的特点,城市轨道交通车辆的车门设置应便于乘客快速上下车,以满足列车运行密度的要求。车门有多种类型,按照安装位置的不同,可以分为客室车门、司机室侧门、客室与司机室通道门、司机室前端疏散门。其中,客室车门按照其结构可分内藏门、外挂门、塞拉门三种形式。客室门关系到乘客的安全,因此在运行中必须可靠锁闭,在设计上通过监测装置将车门状态与列车牵引指令电路联锁。为了应对故障或意外(紧急),某地铁列车在每个车门处都配置了可现场操作切除装置和紧急开门装置。

4. 车辆连接装置

车辆连接装置包括车钩缓冲装置和贯通道装置,如图1-12所示。前者可实现车辆与车辆之间的编组连接,主要传递和缓和列车的纵向力;后者可实现载客车厢之间的连通。城市轨道交通车辆通常采用全自动车钩或半自动车钩和半永久牵引杆做连接,司机室前端装有全自动车钩或半自动车钩,非司机室端以及B车两端都装了半永久牵引杆。

5. 制动和风源系统

车辆制动系统是保障列车运行安全必不可少的装置,不论是动车还是拖车,都设有制动装置。制动装置可以保证运行中的列车按需要减速,实现在规定的距离内安全停车和防止溜车。城市轨道交通车辆的制动装置不仅安装了常规的空气制动装置,还在动车车辆上安装了再生制动和电阻制动装置,有些车辆还装有磁轨制动装置。通常,控制制动装置由电子制动单元、空气制动控制单元和基础制动单元(包含盘形制动或踏面制动)三部分组成。

a) 车钩缓冲装置　　　　　　　　b) 贯通道装置

◎ 图1-12　车辆连接装置

风源系统由电动空气压缩机,除油、除湿装置,散热装置,压力控制装置,各类空气阀件、空气管路和储气缸等组成。

6. 电气牵引装置

电气牵引装置在城市轨道交通车辆中具有十分重要的地位。它由受电弓[图1-13a)]、高速断路器(High Speed Circuit Breaker,HSCB)、牵引逆变器[图1-13b)]及控制单元、牵引电动机[图1-13c)]、制动电阻、联轴节和齿轮箱等组成。其作用是将电网电能转换为驱动列车运行的动能或将列车动能转换成电能并反馈回电网(电制动)。其中,牵引逆变器的作用是将受电弓获取的1500V或750V直流电转换为依据控制指令需求,可变频变压的三相交流电,驱动装在动车转向架上的三相交流异步牵引电动机。牵引电路图如图1-14所示。

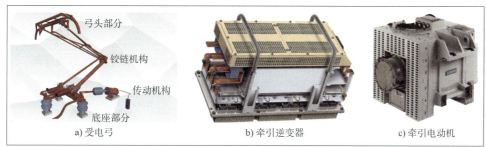

a) 受电弓　　　　　　b) 牵引逆变器　　　　　c) 牵引电动机

◎ 图1-13　电气牵引装置主要部件

7. 辅助供电系统

辅助供电系统是指三相交流380V电源、低压直流电源和蓄电池,其中低压直流电源包括110V直流电源和24V直流电源,380V交流电源的负载有空气压缩机、空调系统、各类风机、220V插座等。110V直流电源的负载有控制电路、各系统的电子控制电路、照明电路、指示灯、车门驱动系统、广播系统、乘客信息显示系统(Passenger Information Display System,PIDS)、紧急通风电源等。

8. 列车乘客信息系统

列车乘客信息系统包括信息及诊断系统、广播系统、乘客信息显示系统等,其示意图如图1-15所示。

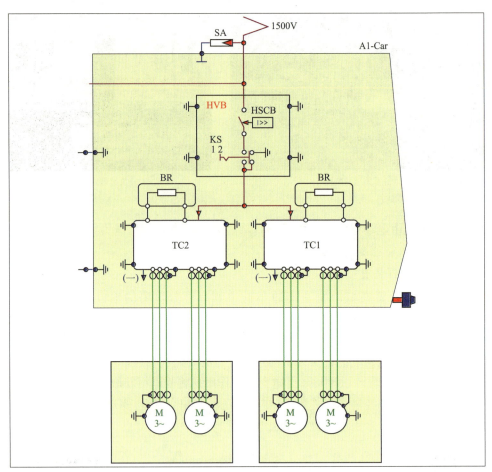

◎ 图1-14 牵引电路图

TC1、TC2-牵引逆变器；M-牵引电动机；HSCB-高速断路器；BR-制动电阻；HVB-高压箱；SA-避雷器

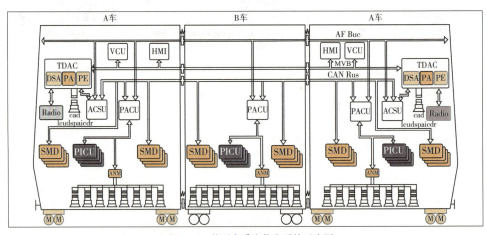

◎ 图1-15 某列车乘客信息系统示意图

DSA-数字报站；ANM-环境噪声监测单元；PACU-乘客广播通信单元；PA-乘客广播；TDAC-车载显示屏广播控制器；SMD-LED站点地图显示屏；PICU-乘客报警对讲单元；MVB-多功能列车总线；AF-音频；HMI-人机界面显示器；VCU-列车控制单元；PE-乘客紧急接口；ACSU-音频控制系统单元

列车提供了五种通信方式,从高到低的优先级为:无线电广播、司机室对讲、司机与乘客紧急对讲、司机室对乘客广播和数字车站广播。

9. 列车控制和故障诊断系统

列车控制和故障诊断系统是指列车的计算机总线控制系统。车辆计算机控制单元通过列车/车辆总线与各节车各子系统/设备的计算机控制单元连接在一起,以通信协议的方式建立实时通信联系,进行指令、状态信息的传输,实现列车状态的控制、监测、数据存储和故障诊断及人机界面交流,如图1-16所示。列车计算机控制单元通常在列车的两端对称布置,功能相同,工作时一个为主机,另一个为辅机。列车采用计算机故障自诊断系统,可以使用便携式数据采集器采集有关数据。

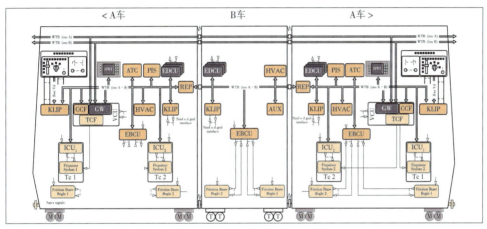

◎ 图1-16 列车内部网络通信示意图

ATC-列车自动控制(信号设备);CCF-中央控制单元;TC-牵引逆变箱;TCF-牵引控制功能;ICU-牵引逆变器控制单元;EBCU-电子制动控制单元;EDCU-门控器;WTB-绞式列车总线;PIS-乘客信息系统;HVAC-空调控制单元;VCU-列车控制单元

10. 空调与通风系统

空调安装在车顶,每辆车设有两个车顶一体式空调单元,其作用主要是通风、进行温度调节和除湿。在通风机作用下,新风从吸风口吸入,与从客室来的回风混合,再经过过滤、冷却后,由风道均匀地送入客室。司机室是由单独的风道送风的。当列车失去1500V直流电源时,空调的制冷功能失效,仅提供不少于45min的紧急通风。

三、车辆设备布置

车辆设备按照在车辆上的安装位置可分为车顶设备、车内设备和车底设备。其中,车顶设备主要包括受电弓、车辆空调,车内设备主要包括司机室车门、疏散门、列车操纵设备、司机座椅、车辆灯光、客室座椅、车门、车窗、座椅、挡风板、扶手、安全锤、灭火器、排水管等,车底设备(图1-17)主要包括供风设备(空气压缩机单元等)、制动设备(制动控制单元等)和电气设备(牵引单元等)等。

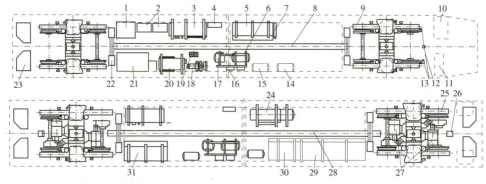

◎ 图1-17 车底设备分布

1-车间电源;2-高速断路器;3-DC/AC 逆变器;4-接地装置;5-A 车辅助设备柜;6-制动供气缸;7-空气压缩机启动电阻;8-电缆槽;9-拖车转向架;10-电气柜;11-设备柜;12-通信天线;13-ATC 天线;14-主气缸;15-空气弹簧供气缸;16-空气控制屏;17-车门供气缸;18-空气压缩机单元;19-空气干燥器;20-DC/DC 逆变器;21-蓄电池;22-电缆分布槽;23-车钩接线盒;24-制动电阻;25-动车转向架;26-电动机连接;27-牵引单元;28-电缆槽;29-牵引逆变器;30-线路滤波器;31-辅助设备柜(B/C 车)

城市轨道交通车辆的机电设备及电、气管线的布置不尽相同,但一般应兼顾以下原则:

(1)安全可靠。城市轨道交通车辆多为动力分散型车辆,设备及管线布置要充分考虑到乘客的安全,做好防护措施,高压电气设备及线路应做好绝缘处理。

(2)质量分配均匀。同一单元中,各车辆质量尽量接近,以有利于列车牵引和制动的平稳;同一车辆中,一般采用对称布置,使载荷分布均匀,避免偏载。

(3)安装和维修方便。设备尽可能成模块组装,以便于拆卸检修。在使用过程中经常接触的设备,应留有足够的维护空间。

(4)经济。布置设备时要充分利用空间,各线路要尽可能短,以简化施工和节约材料。

(5)车内空间最大化。设备及管线的布置总原则是为车辆提供足够的承载空间和舒适的乘坐环境,不影响乘客视觉度,减小噪声。

(6)整车电路布置符合技术规定。各电路的电气设备连接导线应采用多股铜芯电缆,其耐压等级、导电性能及线路布置均应符合相关规范要求。

做一做

(1)车辆设备查找。车辆设备分为车顶设备、车内设备和车底设备,请你在学校实训车辆上查找表1-2中的设备,并描述它的作用和安装位置。

车辆设备查找　　　　　　　　　　　　　　表1-2

序号	设备名称	作用	位置
1	空调机		□车内　□车顶　□车底
2	转向架		□车内　□车顶　□车底

续上表

序号	设备名称	作用	位置
3	蓄电池		□车内 □车顶 □车底
4	制动电阻		□车内 □车顶 □车底
5	驾驶台		□车内 □车顶 □车底
6	车门		□车内 □车顶 □车底
7	轮对		□车内 □车顶 □车底
8	牵引电动机		□车内 □车顶 □车底
9	乘客座椅、扶手		□车内 □车顶 □车底
10	车钩缓冲装置		□车内 □车顶 □车底
11	空气压缩机		□车内 □车顶 □车底

（2）利用维修手册补充完成你所在城市某条线路的车辆技术参数，完成表1-3。

城市某条线路的车辆技术参数　　　　表1-3

序号	项目名称	技术参数	序号	项目名称	技术参数
1	列车长度		6	转向架中心距	
2	车辆宽度		7	车辆中心高度(客室净高)	
3	车辆高度(不含受电弓)		8	最高运行速度	
4	轴距		9	车钩距轨面高度	
5	车轮直径		10	轴重(AW2)	

单元1.3　城市轨道交通车辆编组和标志

城市轨道交通车辆在实际运营中都是由几辆车通过车钩连接而形成动车组的形式来运行的。为便于车辆运用和检修管理与识别，通常需对车辆及设备进行标记或编号。由于我国城市轨道交通车辆没有统一的标志规定，各城市轨道交通车辆的车辆标志也不尽相同。

一、车辆编组

城市轨道交通车辆中，车辆通过车钩连接而成的一个相对固定的编组称为一个单元，一列车可以由一个或几个单元编组而成。决定车辆编组的主要因素有运营密度、客流量、站间距离、舒适度、安全可靠性、工程投资和线路坡度等。

我国城市轨道交通车辆编组主要有四动两拖、六动两拖、两动两拖、三动三拖等形式。其中，广州地铁1号线由6节车辆编组，采用四动两拖形式，6节车有A车、B车、C车三类车各两辆，编组表达式为－A*B*C=C*B*A－。A车为拖车,带司机室并装有受电弓和一套空气压缩机组,B 车、C 车为动车。广州地铁 3 号线早期也采用过两动一拖的 3 节车辆编组,编组形式为 – A * B * A – ,车型分为 A 车(带司机室及受电弓的动车)和 B 车(拖车)。

上海地铁 1 号线也采用四动两拖形式,编组表达式为 – A = B * C = C * B = A – 。上海地铁 2 号线由 8 节车辆编组,采用六动两拖形式,即 – A = B * C = B * C = B * C = A – 。其中,A 车为带司机室的拖车,B 车为装有受电弓的动车,C 车为动车并带有一套空气压缩机组。

天津滨海轻轨由 4 节车辆编组,采用两动两拖形式,编组表达式为 = Mcp * T = T * Mcp = ,远期规划为 6 节编组。其中,Mcp 为带司机室和受电弓的动车,T 为拖车,M 为动车。

注:上述编组表达式中,"–"表示全自动车钩,"="表示半自动车钩,"*"表示半永久车钩。

二、车辆编号

通常,每辆车都有自己的固定编号,但各城市轨道交通车辆制造商或运营商的编号方式不尽相同。

广州地铁 2 号线车辆编号由数字加字母加后面两位数字组成,如图 1-18a)所示。例如,2A45,其中,2 表示车辆所属线路为 2 号线,A 表示车辆类型为 A 车,45 表示车辆连续编号;广州地铁列车编号为 2A4546,则表示该列车是广州地铁 2 号线的列车,其编组由 2A45、2B45、2C45、2A46、2B46 和 2C46 6 辆车组成。广州地铁 1 号线 1A101102 列车编组如图 1-18b)所示。

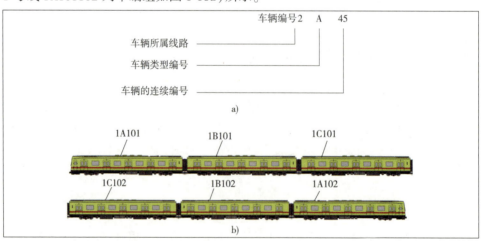

图 1-18　广州地铁 2 号线车辆编号及 1 号线 1A101102 列车编组

三、车辆的车端、车侧、车门、座位等标志

1. 车辆的车端、车侧定义

每辆车都有一位端和二位端。A 车的一位端是带全自动车钩的一端,B 车的

一位端是与 A 车连接的一端,C 车的一位端是与 B 车连接的一端。车辆的另一端就是二位端。

车辆车侧是指人位于二位端,面向一位端,人的右侧就是该车辆的右侧,人的左侧就是车辆的左侧。

2. 列车车侧的定义

列车车侧与车辆车侧的定义是不同的。列车车侧以司机为主体,司机坐在列车的驾驶端座位上,司机的右侧就是列车的右侧,司机的左侧就是列车的左侧。也就是说,列车的行驶方向不同,列车的左、右侧也会有所不同,如图 1-19 所示。

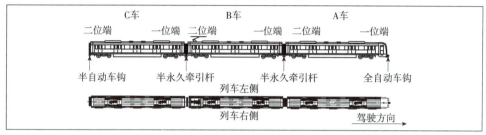

◎ 图 1-19　车辆车端及列车车侧的标志

3. 转向架和轴的编号

每辆车有 2 个转向架,分为转向架 1 和转向架 2。转向架 1 位于一位端,转向架 2 位于二位端。每辆车有 4 根轴,从一位端开始至二位端,以此连续编号为轴 1、轴 2、轴 3、轴 4,如图 1-20 所示。

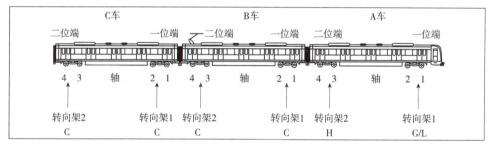

◎ 图 1-20　转向架和轴的编号

C-动车转向架;H-拖车转向架,不带 ATC 装置和轮缘润滑;G-拖车转向架(带 ATC 装置);L-拖车转向架[带 ATC 装置和轮缘润滑(前两辆车)]

4. 车门和座椅的编号

(1)门页是从一位端开始至二位端,车辆的左侧是从小到大的连续奇数,即 1,3,5,7,…;右侧是从小到大的连续偶数,即 2,4,6,8,…。

(2)车门是由左、右两个门页号码合并而成,如 1/3、2/4 号门。

(3)座椅是从一位端到二位端编号,左侧为奇数,右侧为偶数。

车门和座椅编号示意图如图 1-21 所示。

5. 空调单元的编号

每辆车的车顶有 2 个空调单元,位于一位端的空调单元称为空调单元 1,位于二位端的空调单元为空调单元2。

目前，由于我国城市轨道交通车辆所在城市和线路不同，各种编组、编号、标记定义也不尽相同，没有统一的车辆标志规定，但各标志方法比较类似。

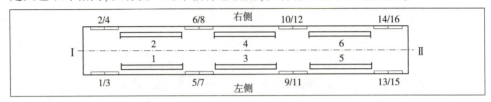

◎ 图1-21　车门和座椅编号示意图

单元1.4　城市轨道交通车辆技术参数

城市轨道交通车辆技术参数一般有性能参数和主要尺寸参数两大类，主要是用来概括车辆技术规格的相关指标，从而在总体上表征车辆性能及结构。

一、车辆性能参数

（1）车辆自重：车辆在整备状态下的本身结构及设备组成的全部质量，如广州地铁1号线A车自重33t，B车、C车自重36t。

（2）车辆载重：在正常情况下，车辆允许的最大装载质量。

（3）最高运行速度：车辆设计时，按照安全及结构强度等条件所确定的车辆最高行驶速度，并要求连续以该速度运行时车辆具有足够良好的运行性能。地铁的设计速度大多数为90km/h左右。

（4）轴重：按车轴形式及在某个运行速度范围内，车轴允许负担的最大质量。地铁轴重一般不超过16t。

（5）通过最小曲线半径：配备某种类型转向架的车辆在站场或车辆段调车时，所能安全通过的最小曲线半径。当车辆在此曲线段行驶时不得出现脱轨、倾覆等危及行车安全的事故，也不允许转向架与车体底架或与车下其他悬挂物相碰。

（6）轴配置或轴列式：用数字或字母表示车辆转向架结构特点的方式。例如，4轴动车，2台动力转向架，则轴配置记为 B—B；6轴单铰轻轨车辆的两端为动力转向架，中间为非动力铰接转向架，其轴配置记为 B—2—B。

（7）制动形式：车辆获得制动力的方式有摩擦制动、电制动等形式。

（8）冲击率：由工况改变引起的列车组的各辆车所受到的纵向冲击。在城市轨道交通车辆中，冲击率主要用于说明车辆本身电气及制动控制系统所应达到的冲动限制。冲击率常用加速度变化率来衡量，如车辆正常运行（包括启动加速和电制动，紧急制动情况例外）时，纵向冲击率不得超过 $1m/s^3$。

（9）列车平稳性指标：评定乘客舒适程度的主要依据，反映了车辆振动对人体感受的影响，其数值越大，说明车辆的稳定性越差。通常，车辆的平稳性指标值应小于2.7。

（10）转向架安全性指标：反映转向架运行平稳、稳定性的指标，主要包括脱轨系数、倾覆系数和轴重减载率等。

二、车辆主要尺寸参数

（1）车辆长度：车辆处于自由状态，车钩呈锁闭状态时，两端车钩连接面之间的距离。

（2）车辆最大宽度：车体横截面上最宽部分的尺寸。

（3）最大高度：车辆顶部最高点与钢轨轨面之间的距离。

（4）车辆定距：同一车辆两转向架回转中心之间的距离。

（5）固定轴距：同一转向架的两个车轴中心线之间的距离。

（6）车钩高：车钩中心线与钢轨轨面之间的距离。

（7）底板面高度：车辆底板面与钢轨顶面之间的距离。

下面以某地铁3号线为例，介绍车辆的主要技术参数。

（1）某地铁3号线车辆的主要技术参数见表1-4。

某地铁3号线车辆的主要技术参数（B车） 表1-4

项目	参数	项目	参数
轨距（mm）	1435	转向架中心距（mm）	12600
列车编组	－A＊B＊A－（A:带司机室和受电弓的动车，B:拖车）	车轮直径（mm）	840（新轮）/805（半磨耗）/770（全磨耗）
列车长度（mm）	59940	轮缘厚度（mm）	32
单节车辆长度（跨车钩连接面）（mm）	≤19980	轮对内侧距（mm）	1353_0^{+3}
车辆宽度（mm）	2800	最高运行速度（km/h）	120
车辆高度（轨面至车顶高、新轮、不含受电弓）不含排气口及空调单元高度（mm）	≤3800	车辆地板高度（mm）	1130
		车钩距轨面高度（mm）	720
含排气口及空调单元高度（mm）	≤3855	供电方式	（正线）架空刚性接触网
受电弓落弓高度（mm）	3875	额定电压（V）	直流1500
轴距（mm）	2300	受电弓工作高度（mm）	175～1600

（2）某地铁3号线列车载客量（指A车、B车、C车三类车）见表1-5。

某地铁 3 号线列车载客量　　　　　　　　　　表 1-5

工况	定义	每车乘客数(人)	列车乘客数(人)
AW0	无乘客(空载)	0	0
AW1	坐客载荷	A 车 46，B 车和 C 车各 50	142
AW2	定员载荷(6 人/m²)	A 车 216 人，B 车和 C 车各 242	674
AW3	超员载荷(9 人/m²)	A 车 302 人，B 车和 C 车各 336	940

（3）列车在各工况下的质量见表 1-6。

列车在各工况下的质量　　　　　　　　　　表 1-6

列车工况	列车质量(t)	备注
AW0(A+B+A)	约 109	1. 车轴最大载荷 <14.0t； 2. 乘客平均质量按 60kg 计算，带司机室的动车(空车)约为 37.4t，不带司机室的拖车(空车)约为 34.2t
AW1(A+B+A)	约 118	
AW2(A+B+A)	约 150	
AW3(A+B+A)	约 165	

三、车辆限界

车辆限界是车辆在正常运行状态下运行时形成的最大动态包络线，也就是限制车辆横断面最大允许尺寸的轮廓图形。无论空车还是重车在直线地段运行时，所有突出和悬挂部分都应容纳在车辆限界之内。车辆限界主要是防止车辆在直线或曲线上运行时与各种建筑物及设备接触，以保证车辆安全通行。车辆限界与建筑物或设备限界之间必须留出一定的、为确保行车安全的空间（图 1-22），这个空间应考虑以下因素：

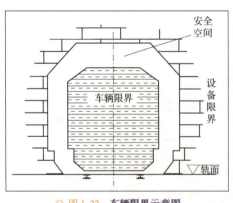

图 1-22　车辆限界示意图

（1）车辆的主要尺寸包括车辆长度、车辆高度、车辆最大宽度、车辆定距、固定轴距、地板面高度和受流器安装尺寸等。

（2）制造公差或磨耗及弹簧变形等因素导致车辆上、下、左、右方向的偏移或侧倾。

（3）车辆在载荷作用下弹簧受压缩引起车辆下沉，以及弹簧性能上的误差可能引起的超量偏移或倾斜。

（4）轮轨间隙和车辆自身各部分存在的横向间隙导致的车辆与线路间可能形成的偏移。

（5）线路在列车反复作用下可能产生的变形，如轨道不平顺等。

（6）在走行过程中，车辆在运动中力的作用而造成相对线路的偏移，包括曲线区段运行时实际速度与线路超高所要求的运行速度不一致而引起的车体倾斜，以及车辆在振动中产生的左、右、上、下各方向的位移。

复习思考题

一、选择题

1. (　　)已经成为城市轨道交通车辆的主流。
   A. 调频调压车　　B. 斩波调阻车　　C. 凸轮调阻车　　D. 变阻控制器车

2. (　　)正式启动全自动无人驾驶运营模式,是我国第一条自动化等级达到最高级(GoA4级)的无人驾驶地铁线路,填补了全自动无人驾驶领域的空白。
   A. 北京地铁S1　　　　　　　　B. 上海地铁10号线
   C. 广州地铁18号线　　　　　　D. 深圳地铁16号线

3. (　　)具有通风、温度调节和除湿功能。
   A. 列车控制和故障诊断系统　　B. 车门
   C. 转向架　　　　　　　　　　D. 空调与通风系统

4. (　　)代表列车处于定员载荷(6人/m^2)。
   A. AW0　　　　B. AW1　　　　C. AW2　　　　D. AW3

5. 车辆在整备状态下的本身结构及设备组成的全部质量称为(　　)。
   A. 车辆载质量　　B. 车辆自重　　C. 轴重　　D. 满载

二、填空题

1. "– A = B * C = B * C = B * C = A –"中,"–"表示_____,"="表示_____,"*"表示_____。
2. 城市轨道交通车辆技术参数一般有_____和主要尺寸参数两大类
3. 车辆设备按照在车辆上的安装位置可分为_____、车内设备和车底设备。
4. 同一转向架的两个车轴中心线之间的距离称为_____。
5. 地铁轴重一般不超过_____。

三、判断题

1. 我国大部分城市的地铁都是20世纪90年代后期才开始运营的。(　　)
2. 城市轨道交通车辆按照是否有动力可分为动车和拖车。(　　)
3. 动车以D表示,拖车以T表示。(　　)
4. 每节城市轨道交通车辆都有属于自己的固定的编号,各城市轨道交通车辆制造商或运营商的编号方式完全一样。(　　)
5. 城市轨道交通车辆A型车车体宽度为2.8m。(　　)

四、简答题

1. 简述现代城市轨道交通车辆的特点。
2. 简述城市轨道交通车辆的主要组成部分。
3. 请列举城市轨道交通车辆常见的编组形式。
4. 城市轨道交通车辆的车端、车侧是怎样规定的?车门和座椅如何编号?
5. 什么是车辆限界?

项目 2
车体及司机室与客室

内容概述

车体是城市轨道交通车辆用来运载乘客、承受和传递载荷的主体结构,又是安装和连接其他设备及组件的基础。本项目主要介绍车体的组成、分类、结构特征、车体技术的发展历程、车体内部(司机室和客室)和车体外部设备等内容。图 2-1 为城市轨道交通车辆车体的组成。

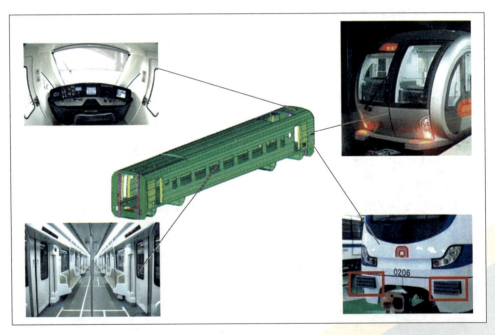

图 2-1 城市轨道交通车辆车体的组成

知识目标

1. 了解轨道交通车辆车体发展历程；
2. 掌握城市轨道交通车辆车体的组成与分类；
3. 了解车体模块化生产的特点。

能力目标

1. 能识别司机室的主要设备；
2. 能识别客室的主要设备；
3. 能识别车体外部设备。

素质目标

1. 了解车体材料的发展历程，培养不断创新和精益求精的精神；
2. 增强对城市轨道交通行业的自豪感和认同感。

建议学时

4 学时。

单元2.1 车体概述

车体是车辆结构的主体,又是安装和连接其他设备及组件的基础,用来容纳乘客和司机(对于有司机室的车辆)。它是由底架、侧墙、端墙及车顶构成的一个六面体,由于长期处于剧烈振动、承载量大且不稳定等较为苛刻条件下,其总体结构形式、性能和技术经济指标取决于车体材料。

一、车体结构的分类

1. 按使用的主要材料分类

车体结构按使用的主要材料可分为普通碳素钢车体、高耐候结构钢车体、不锈钢车体、铝合金车体。

2. 按承载方式分类

车体结构按承载方式可以分为底架承载结构、侧墙和底架共同承载结构和整体承载结构三种。

(1)底架承载结构。全部载荷由底架来承担的车体结构称为底架承载结构或自由承载结构。

(2)侧墙和底架共同承载结构。由侧墙、端墙与底架共同承担载荷的车体结构称为侧墙和底架共同承载结构或侧墙承载结构。其侧墙、端墙与底架等通过固接形成一个整体,具有较高的强度和刚度。

(3)整体承载结构。整体承载结构在板梁式侧墙、端墙上固接由金属板、梁组焊而成的车顶,使车体的底架、侧墙、端墙、车顶连接成一个整体,成为开口或闭口的箱形结构,如图2-2所示。整体承载结构既能充分发挥所有承载零部件的承载作用,又能有效地减轻车体自重。

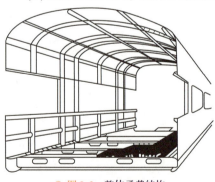

◎ 图2-2 整体承载结构

3. 按结构形式分类

车体结构按结构形式可分为板梁组合结构、开口型材与大型中空型材组合结构和大型中空型材结构三种。

4. 按连接方式分类

车体结构按板与梁(柱)、梁(柱)与梁(柱)之间的连接方式可分为焊接结构、铆接结构、螺栓(钉)黏接连接结构或混合连接结构。

5. 按有无司机室分类

车体结构按有无司机室可分为带司机室车体结构和无司机室车体结构两种。

6. 按车体尺寸分类

车体结构按车体尺寸可分为 A 车车体和 B 车车体两种。例如，广州地铁 1 号线、2 号线和深圳地铁车辆采用了 A 车，广州地铁 3 号线、4 号线和天津滨海轻轨采用了 B 车。

7. 按车体组合方式分类

车体结构按车体组合方式可分为一体化结构和模块化结构，如广州地铁 1 号线车辆采用的是一体化结构，而 2 号线采用的是模块化结构。

（1）一体化结构，也称整体焊接结构，即底架、侧墙、车顶和端墙的组装采用焊接工艺焊接。一体化结构车体是先制造车体结构的车顶、侧墙、底架、端墙、司机室等部件，然后将部件进行整个车体总成焊接，车体总成焊接好后再进行布管布线、内装。

（2）模块化结构。随着技术的发展，近几年出现了一种模块化结构，我国深圳和广州地铁 2 号线车辆采用了模块化结构。模块化结构与一体化结构车体相比，最大的区别是将模块化的概念引入车体设计、制造与生产管理的各个环节。模块化车体设计是将整个车体分为若干个模块（图 2-3），在每个模块的制造过程中，完成整车所需布管布线、内装的预组装（图 2-4）并解决相互之间的接口问题。各模块完成后，即可进行整车组装。每一模块的结构本身采用焊接，而各模块之间的总装采用机械连接，如图 2-5 所示。

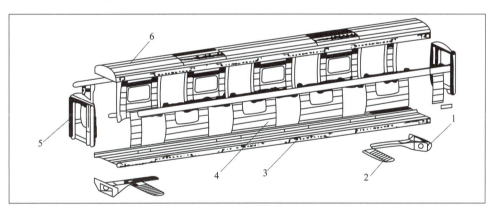

◎ 图 2-3　车体模块

1-牵引梁模块；2-枕梁模块；3-底架模块；4-侧墙模块；5-端部模块；6-车顶模块

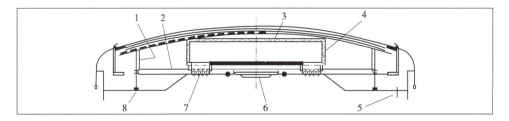

◎ 图 2-4　车顶模块

1-顶板吊梁；2-顶板横梁；3-空调风道；4-隔音、隔热材料；5-内部装饰；6-灯带；7-出风口；8-顶板悬挂

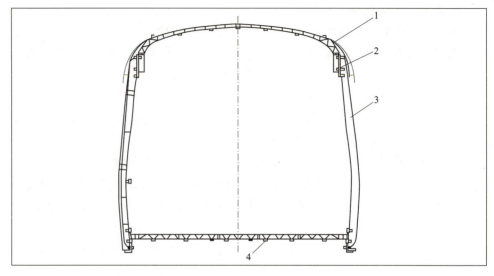

图 2-5　模块化车体总装
1-车顶模块；2-螺栓；3-侧墙模块；4-底架模块

模块化结构的优点如下：

①容易保证整车品质。由于每个模块的制造过程中均要验证其品质，模块制成后均须进行试验，所以整车总装后试验相对简单，整车品质容易保证。

②有利于国产化的实施。由于每个模块制造可以独立进行，并解决了模块之间的接口问题，因此，复杂的、技术难度大的模块和部件可以从国外引进，其余模块和部件在用户本地生产，且对总装生产线要求不高，有利于国产化。

③可以改善劳动条件，降低施工难度；可以减少工装设备，简化施工程序，提高劳动效率，降低生产成本。

④维修方便。在车辆检修中，可采用更换模块的方式进行，方便维修。

从车体结构局部来分析，模块化结构存在如下缺点：

①模块化结构的个别部件（如司机室框架）采用钢材制造，各部件之间采用钢制螺栓连接，所以车体自重要比全焊结构稍重。

②为保证隔热、隔音性能，在车体组装后，内部需喷涂隔音阻尼浆和安装玻璃棉或其他隔热、隔音材料。

车体结构在使用中一般仅对表面涂装进行必要的维修，就结构自身而言，在正常工况下可以满足使用寿命 30 年的要求。

二、车体的特征与结构组成

1. 车体的特征

（1）城市轨道交通车辆一般为电动车组，有单节、双节、三节式等，有头车（带有司机室的车辆）和中间车，以及动车与拖车之分，其车体结构具有多样性。

（2）由于城市轨道交通车辆服务于城市公共交通，乘客数量多，旅行时间短，上、下车频繁,因此车内设置的座位数量少,车门数量多且开度大,服务于乘客的车内设备简单。

(3)对车辆自重的限制较为严格,特别是高架轻轨,要求列车自重轻、轴重小,以减少线路设施的工程投资。

(4)为减轻列车自重,车辆必须轻量化。对于车体承载结构一般采用大型中空截面挤压铝型材、高强度复合材料或不锈钢等,采用整体承载筒形车体结构,车辆的其他辅助设施也尽量采用轻型材料和轻量化结构。

(5)城市轨道交通车辆一般运营于城市人口稠密地区,并用于运送乘客,所以对车辆的防火要求严格,特别是地铁车辆。通常,车体结构采用防火材料设计,使用的材料须经过阻燃处理。

(6)对隔音和降噪有严格要求,以最大限度降低噪声对乘客和沿线居民的影响。

(7)城市轨道交通车辆用于城市内交通,外观造型和色彩必须考虑城市文化、环境美化,要与城市景观相协调。

2. 车体的结构组成

车体主要由底架、侧墙、端墙、车顶等部分组成,如图2-6所示。

(1)底架。

底架是车体中的一个重要部件,其钢结构模型如图2-7所示。底架的主要作用是承受车体上部载荷并传递给整个车体,承受由各种因素引起的横向力和走行部传来的各种振动与冲击,通过牵引梁连挂组成列车,并在车辆间传递牵引力和制动力。底架通常是用大型铝合金蜂窝状挤压型材焊接而成的,由侧梁、端梁、牵引梁、枕梁和横梁组成。底架上设有各种吊梁、吊卡、线槽、安装座,用来安装车钩缓冲装置、各种机电设备、制动设备等。驾驶端通常还设有一个撞击能量耗散区,在车辆受撞击时用以吸收传至地板水平方向的能量,可最大限度地保护客室乘客安全。

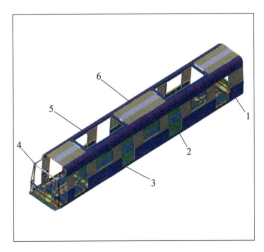

图2-6 车体的结构

1-端墙;2-底架;3-侧墙;4-司机室;5-侧墙;6-车顶

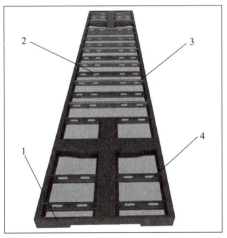

图2-7 底架钢结构模型

1-端梁;2-小横梁;3-边梁;4-大横梁

车辆地板也是底架的一个重要组成部分,地板的性能直接与车辆的隔音隔热、防滑等相关,也与车辆的清洁、维护保养相关。一般的地板主要由金属地板、地板布、支承梁、隔音隔热材料和阻尼浆等组成。

(2)侧墙。

侧墙(图2-8)通常由多个空腔结构按纵向分布组成,由中空截面的铝合金挤压型材铆接或焊接而成,主要由墙板、支承梁、隔音隔热材料和阻尼浆组成。侧墙主要用于安装客室窗玻璃、客室车门、座椅等部件。

北京地铁车辆DK6以前,车辆侧墙采用两面黏结塑料的胶合板,支承梁采用木质件,隔音隔热材料采用超细玻璃棉和阻尼浆。该结构的主要缺点是防火性能差。为提高防火性能,研究人员对后期生产的地铁车辆进行了技术改造,主要措施是减少木质件的使用量和对其进行防火处理,并用复合铝板代替胶合板。

上海地铁和广州地铁的车辆侧墙采用非饱和聚酯玻璃钢板黏结泡沫状密胺树脂和铝板的复合板,支承梁采用金属梁,隔音、隔热材料采用矿渣棉并用铝箔包装,金属铝墙板的内表面涂覆阻尼浆,防火性能良好。

(3)端墙。

车辆端墙为简单的焊接结构或铆接结构,过渡设备用框架固定。端墙(图2-9)通常由墙板、支承梁、隔音隔热材料和阻尼浆组成,与侧墙结构基本相同。端墙主要用于贯通通道、空调单元、司机室的连接。

◎ 图2-8 侧墙骨架几何模型　　◎ 图2-9 端墙骨架几何模型

(4)车顶。

车顶(图2-10)由几个空腔部分按照纵向排列组成,包括拱形顶梁。每节车顶通常装有受电弓及其连接装置、车辆无线电天线、通风口、空调设备及其换气连接、电力供应和排水装置等。

◎ 图2-10　车顶骨架几何模型

单元2.2　车体技术的发展

一、各类车体材料的应用情况

车体的结构形式、性能和技术经济指标主要取决于车体材料，因此，对车体构件和内部装饰所使用的材料应当考虑诸多因素，包括：①应具有构件所要求的高强度和刚性；②质量轻；③应具有耐老化、耐污染、耐磨耗及耐光照等特性；④耐火、阻燃；⑤施工容易且价格便宜；⑥易于维修；⑦适用于环境的改进（隔热、隔音性能提高）；⑧适用于提高舒适度（如减振等）。

1. 车体的发展历程

按使用的主要材料，车体可分为普通碳素钢车体、高耐候结构钢车体、不锈钢车体、铝合金车体和碳纤维复合材料车体，如图2-11所示。

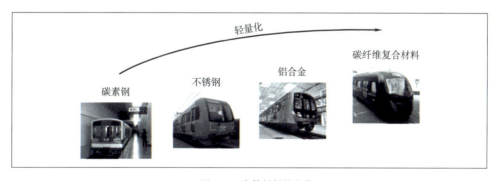

◎ 图2-11　车体材料的变化

（1）普通碳素钢制车体。20世纪80年代以前的钢制车体材料主要为普通碳素钢。该车体自重较大，使用过程中易受腐蚀，其强度由于腐蚀而降低，增大了维修工作量和维修成本。

（2）高耐候结构钢车体。为延长车体使用寿命，采用了含有铜或镍铬等金属元素的耐大气腐蚀的低合金钢系列，使车体钢结构的自重减轻了10%～15%；在工艺上也采取了一定的防腐措施，延长了车体的使用寿命，但在减轻车体自重和防腐蚀等方面仍然不尽如人意。

(3)不锈钢车体。不锈钢车体的耐腐蚀性较好,强度高。在保证强度和刚度的前提下,车体钢板的厚度可以减小,其结构形式与钢制车体相似,实现了车体的薄壁化和轻量化,使车体的质量比钢制车体减轻20%~25%。另外,车顶板、侧墙板和底板一般都采用成型的波纹板制成,克服了薄板平整度难以保证的缺点,同时满足了强度的要求。

(4)铝合金车体。为进一步实现车体轻量化,许多国家充分利用铝合金比重小、耐腐蚀、容易挤压成型的优点,在解决了铝合金焊接难的问题后,尤其是大型空心铝型材研制成功后,使利用铝合金制造车体成为可能。采用铝合金车体,其自重相比钢制车体,可减轻30%~40%。因为铝合金在积水状态下会降低耐腐蚀性能,所以在车辆检修过程中要注意排水问题,以免积水腐蚀。

(5)碳纤维复合材料车体。碳纤维复合材料在飞机上历经了"非承载部件→次承载部件→主承载部件"的发展过程,城市轨道交通车辆也将沿用此发展应用理念。设备舱作为车体重要的次承载部件,结构相对简单、载荷工况简单,适合采用碳纤维复合材料。中车四方车辆有限公司在2015年制作了碳纤维复合材料设备舱,现已上线运行,较铝合金设备舱减重30%,运行后效果良好。之后,中国中车各主机厂也分别投入对碳纤维复合材料车体的研发。中车青岛四方机车车辆股份有限公司于2015年成立中德联合技术研发中心,历经3年时间开发出全碳纤维地铁的4个主承载部件(车体、司机室、设备舱、转向架),使得地铁车体主承载结构自重减重至少30%,整车减重13%。中国中车联合相关企业共同合作研制出全碳纤维复合材料地铁车体及全碳纤维复合材料城际列车车体,其中,城际列车现已进行上线试运行。

2.典型的车体比较

(1)轻量化与价格。

以16t/14t轴重的A、B型车体为例,不锈钢与碳钢(耐候钢)相比,最大优势是轻量化,但与中空铝型材相比,铝合金车体每节减轻1t左右。价格方面:SUS304不锈钢和6063铝合金的原材料单价相差无几,但薄板不锈钢车体是板梁结构,需大量工装、模具、夹具、样板和中间检查手段,生产工艺极其复杂,费工费料,产成品价格偏高。

(2)制造工艺。

不锈钢车体采用板梁组合整体承载全焊结构,为了不降低板材强度和减小变形,应尽量采用点焊,特别是强度高级的材料不允许采用任何形式的弧焊。用接触焊代替弧焊是不锈钢车体的又一特征和关键技术。

铝合金车体目前普遍采用大型桁架式中空型材组焊式,中空铝型材由制造厂一次轧制而成,车辆制造厂只需下料、拼装、氩弧焊接,工艺简单,省工省料。

(3)外观质量。

不锈钢车体制造过程中虽然不必进行防腐保护,也无须涂漆,但为了提高装饰性,板材自带线条或梨皮点状装饰。车辆制造厂家可进行适当修饰或用彩色胶膜装修。由于车体表面装饰大多是原材料本身就有的,因此在焊接前的加工过程中要贴膜保护。由于外墙板很薄(一般为 1.5mm)、很光,对平面度敏感,只要有 0.2mm 的凹凸,经反光折射,肉眼就会感到不舒服;薄板的点焊印子更是无法消除,密密麻麻的焊点是设计确定、工艺保证的,焊点的排列、深度、大小的一致性都有严格的要求。

相比之下,铝合金车体的耐腐蚀性能较差,但中空铝型材平整、挺拔,可根据用户要求选择不同的装饰和颜色,因此给人的感觉是庄重、美观,广大乘客容易接受。

(4)抵御磕碰、防划伤能力。

铝合金占优,且可以修复;不锈钢由于是薄板且为拉丝板,容易划伤,更忌讳异向划痕,且出现划痕难以消除。至于触摸的手印,还是可以清洗掉的。

(5)为车下设备提供的安装空间和布置方式。

中空铝型材车体车下空间大,适合大线槽布线和空气管路预装配,能做到整体吊装,实现模块化结构要求。

不锈钢车体由于板薄(底架边梁也只是采用最厚的 δ = 4mm 钢板轧制而成),板梁为点焊结构,车下空间小,设备布置分散,只能用传统的预留线槽线道、现车穿线工艺,线路、管路布置零乱(目前日本车型和北京地铁 5 号线车辆都还停留在这个档次)。

(6)使用寿命。

车体腐蚀介质主要是水、盐分、二氧化硫等,特别是在沿海地区和某些重工业区,由于湿度大、盐分高、污染重,不同材料车体的抗腐蚀能力对于车体的使用寿命具有重要作用。在这方面,不锈钢车体的优势比较明显。不锈钢熔点在 1400℃以上,而铝合金只有 630~650℃且到 300℃以上就发软变形,因此不锈钢车体的防火性能远优于铝合金车体。从以上方面考虑,不锈钢车体的使用寿命优于铝合金车体。

目前使用不锈钢车体的有天津滨海线轻轨,北京地铁 4 号线、5 号线、10 号线。使用铝合金车体的有上海地铁 1 号线、2 号线、3 号线、4 号线及明珠 2 号线,广州地铁 1 号线、2 号线及深圳地铁 1 号线等所有的 A 车;使用不锈钢车体的 B 车有广州地铁 3 号线、4 号线、5 号线等。

二、车体技术的发展趋势

减轻车辆自重一直是交通运输部门的奋斗目标。减轻车辆自重不仅可以节约材料、减少牵引动力的消耗,而且可以减轻车辆走行部和线路的磨耗,延长车辆使用寿命,带来巨大的经济效益。一般车体承载结构的质量占车辆自重的 20%~25%,因此研究车体承载结构的轻量化具有很大的现实意义。

传统的铁路客车车体均采用由普通碳素钢制成的由众多纵、横型材构成的骨架和外包板结构,形成一个筒形薄壳整体承载结构,一般自重为 10~30t。普通碳素钢车体在使用过程中腐蚀十分严重,增加了维修的工作量和费用。为提高车体的耐腐蚀性能、延长车体使用寿命,现在推广使用含有铜或镍铬等合金元素的低合金钢材料,这样可以使车体钢结构自重减轻 10%~15%。

如果采用半不锈钢或全不锈钢车体,在保证强度、刚度的前提下,板厚可以减小,从而实现车体薄壁化、轻量化,同时延长使用寿命。一般不锈钢车体自重可以比普通碳素钢减轻 1~2t。

为进一步实现车体的轻量化,德国、日本、英国等国家在近代的高速列车、地铁车、轻轨车和近郊客车上采用了铝合金车体。铝合金的比重仅为钢的 1/3,弹性模量也是钢的 1/3,为了充分发挥材料的承载能力,铝合金车体在结构形式上与钢车体有很大的差异。铝合金车体的主要承载构件一般采用大型中空截面的挤压铝型材制造,以提高构件的刚度,充分发挥材料的承载性能,达到最大限度地减轻车体自重的效果。全车的底架、侧墙、车顶均采用大型中空截面的挤压铝型材拼焊而成,比钢制车体的焊接工作量减少了 40%,制造工艺大为简化,质量可以减轻 3~5t,同时可以保证车体承载结构在使用期内(一般 25~30 年)不需要维修或少维修。

单元2.3　司机室及车体外部设备

一、司机室

司机室通过隔离墙与客室分开,乘客不能进入司机室,司机可以自由进出司机室和客室。通常在司机室左边安装应急逃生门。应急逃生门是机械式,司机室各门打开后,乘客可以通过应急逃生门的梯子逃出车外。司机室主要设备有挡风玻璃、刮雨器、遮阳板、驾驶台、电气柜、司机座椅、主控钥匙锁和紧急疏散门等。

(1)挡风玻璃。主、副驾驶台前的车窗玻璃为 12mm 厚的挡风玻璃,挡风玻璃由内层挡风玻璃、外层挡风玻璃和聚氨酯密封胶构成。其内部有防飞溅层,防止玻璃受到碰撞而飞溅颗粒;在玻璃内埋有电加热丝,在冬季可进行加热除霜。

(2)刮雨器。刮雨器在雨天或清洗玻璃时使用,可以为司机提供较为清晰的视野,通常有气动和电动两种类型。

(3)遮阳板。在列车运行时,遮阳板能保护司机免受过强光及对面列车灯光直射。它是采用手动操作模式,安装在司机室前罩挡风玻璃上的。每个司机室只安装有一个遮阳板。

(4)驾驶台。驾驶台只安装在 A 车的司机室,供司机驾驶列车使用。图 2-12 所示为某地铁公司采用的驾驶台。驾驶台上通常集成了各种控制列车的开关、按钮、指示灯以及车载电台、广播控制盒、司机操作显示屏、车辆显示屏、仪表面板、警惕按钮、司机控制器和乘客信息监控显示屏等设备。驾驶台各主要设备及其功能见表 2-1。

驾驶台设备总体布置

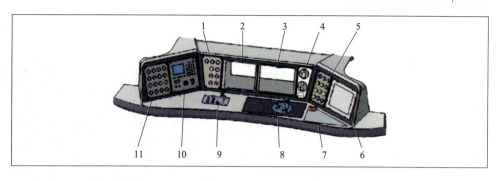

◎ 图2-12　某B型车驾驶台布局图①

1-面板N1；2-面板N2；3-司机操作显示屏；4-车辆显示屏；5-仪表面板；6-面板N3；7-乘客信息监控显示屏；8-警惕按钮；9-司机控制器；10-广播控制盒；11-无线电控制盒

驾驶台各主要设备及其功能　　　　　　　　　　　　　表2-1

序号	设备名称	设备功能
1	驾驶台面板N1、N2、N3	集成了用于列车控制的开关、按钮、指示灯
2	无线电控制盒	用于安装车载电台，是列车司机接收行车调度员指令的重要工具
3	广播控制盒	地面控制中心可通过其实现对车广播，司机也可通过该终端实现与地面的双向通话
4	司机操作显示屏（TOD）	用于显示司机操作
5	车辆显示屏	用于显示列车各设备的状态信息、警示标志、操作按钮，司机也可通过该设备向列车发送操作指令
6	司机控制器	司机通过司机控制器来实现列车的牵引和制动
7	仪表面板	仪表面板装有压力表、电压表及里程计。其中，压力表主要是双针压力表，显示主风缸和制动缸的压力。主风缸压力通过表中的白色指针进行指示；制动缸压力（取自Tc车第一个转向架）通过红色指针进行指示。电压表显示蓄电池的电压，充电机未工作状态下显示的是蓄电池电压，充电机工作状态下显示的是充电机的输出电压。里程计的主要功能是记录列车累计运营里程
8	警惕按钮	用于突发情况时的列车紧急停车
9	乘客信息监控显示屏	用于显示列车摄像头拍摄到的司机室和客室信息

驾驶台面板N1、N2和N3如图2-13所示。其中，驾驶台面板N1主要由司机室照明、阅读灯、客室照明、头灯明暗调节、刮雨器、除霜器、任意旁路激活、所有车门关闭、停放制动缓解、停放制动施加、灯测试、左开门、左关门、解钩、除霜器等按钮组成；驾驶台面板N2主要由远程缓解2、远程缓解1、警惕测试、自动折返、ATO模式、ATO启动1、ATO启动2等自复位按钮和模式选择、门模式选择等自锁开关组成；驾驶台面板N3主要由强迫泵风、高速断路器闭合、高速断路器断开、紧急制

---

① B型车按车辆位置分为A车、B车和C车。

动复位等自复位按钮,右开门带灯自复位按钮,右关门带灯自复位按钮,所有气制动缓解指示灯和所有气制动施加指示灯组成。

  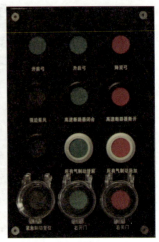

a) 面板N1　　　　　　　b) 面板N2　　　　　　　c) 面板N2

图 2-13　驾驶台面板

(5)电气柜。电气柜设置在司机室后端的右侧,负责本车交直流配电、列车牵引制动等逻辑控制,是无线电控制中心及车辆电器节点。电气柜采用面板、中间夹层、柜体后面三层布置,侧面布置端子排。电气柜柜体分为司机室侧和客室侧,面板布置在司机室侧。面板从上到下分别布置了按钮、旋钮、电池电压表、里程计、运行模式选择旋钮、铭牌及设备柜断路器等。图 2-14 为某 B 型车继电器柜开关面板及元器件。

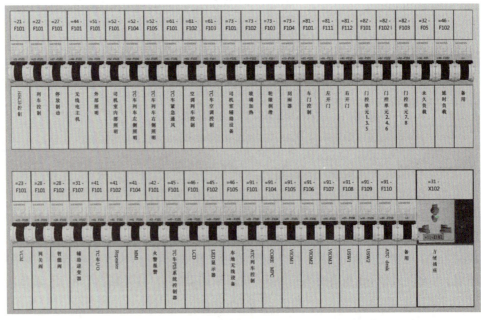

图 2-14

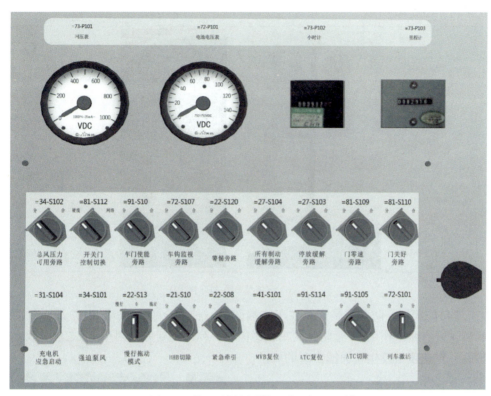

◎ 图2-14　某B型车继电器柜开关面板及元器件

（6）司机座椅。司机座椅指司机室内供司机乘坐的座椅，用螺栓固定在安装座上，可根据司机的体重和身高进行调节，使司机乘坐时更舒适。司机座椅透气功能好，质量小于30kg。

（7）主控钥匙锁。主控钥匙用于激活驾驶台，通常主控钥匙插入驾驶台主控钥匙锁顺时针或逆时针方向旋转90°即可激活驾驶台。

（8）紧急疏散门。紧急疏散门一般设置在正、副驾驶台中间的前端墙上，包括一个与车顶部铰接的大窗和一个位于驾驶台中间的梯子。正常情况下，梯子折叠隐藏起来，紧急时用于疏散乘客。

二、车体外部设备

（1）车体油漆、标志。车体表面涂油漆及标志。车体外观标志如图2-15所示。

（2）车外指示器。在车体外部设置车外指示器，可以显示车辆的运行状态或其他状态。

（3）车体登车梯、登车扶手杆。在司机室车门处，为了方便司机或维修人员登车，设置登车梯和登车扶手杆，部分车辆客室个别车门设置登车梯和登车扶手杆。车体登车梯、登车

◎ 图2-15　车体外观标志

扶手杆如图 2-16 所示。

◎ 图 2-16　车体登车梯、登车扶手杆

（4）防爬器。防爬器是安装在车体端部的一种安全装置，如图 2-17 所示。防爬器主要有两个作用：一是防止两车相碰撞时一列车爬到另一列车上，二是吸收车辆在一定速度下发生正面撞击时的能量。

a)
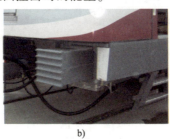
b)
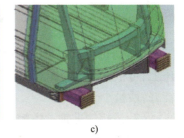
c)

◎ 图 2-17　防爬器

单元 2.4　客室

一、客室车窗

客室每侧一般均匀布置 4 扇车窗，装有中空玻璃，具有良好的隔热、隔声性能。中空玻璃用环形氯丁橡胶条嵌入装配在侧墙，如图 2-18、图 2-19 所示。

二、客室顶板、侧墙板表面

客室顶板是内装部件的重要组成部分，位于车体内部空间的顶部，起密封、美观等作用。整个顶板由不同的中央天花板组件及两侧的出风格栅组成，覆盖空调系统风道、顶部纵横梁、车顶绝缘件和电气线路,同时在车体中线对称布置2个回风格栅。客室侧墙板采用铝板和铝型材的组合结构。客室顶板如图2-20所示。

◎ 图2-18　客室车窗①

◎ 图2-19　客室车窗②

三、客室座椅及挡风板

客室座椅沿客室两侧侧墙纵向布置,采用悬臂结构。座椅用螺栓固定在以侧墙钢结构为支承的立柱上。整个座椅系统主要由座椅骨架、座椅面两大部分组成。其中,座椅骨架采用焊接铝合金框架结构,座椅面采用优质玻璃钢。座椅的强度能承受施加在每个座位上的规定载荷。玻璃钢座椅的本体材料满足相关防火阻燃的要求。座椅表面圆滑平整并向上倾斜,造型美观,不易破损,结构坚固,经久耐用;座椅下平面高于地板面一定高度,便于车内清洁。座椅的两端设有挡风板。客室座椅如图2-21所示。

◎ 图2-20　客室顶板

◎ 图2-21　客室座椅

四、客室内部辅助设施

客室内部还设有残疾人座椅固定扣、标志标语贴纸、广告贴、广告框等辅助设施。客室内部辅助设施如图 2-22 所示。

a) 标志标语贴纸

b) 广告贴、广告框

◎ 图 2-22　客室内部辅助设施

五、灭火器

为防止突发性火灾事故等对乘客造成伤害，在 Tc 车司机室内信号柜和每辆车的客室空调柜上均设置两个灭火器，用于满足消防需求。

灭火器内罩采用钢板喷漆结构，在内罩上设置灭火器固定卡和底部定位圆环，外部设置有机玻璃罩。灭火器通过定位圆环和固定卡安装在灭火器罩内，其安装形式如图 2-23 所示。

◎ 图 2-23　灭火器安装形式

六、立柱、扶手和吊环

客室中部设有立柱，立柱顶部通过连接座与顶板骨架相连，底部通过螺栓与地板相连。在座椅上方、座椅两侧、客室侧门两侧、贯通道两侧及司机室后端门客室侧均设有扶手。所有的扶手和立柱均采用不锈钢管材质，扶手杆和各连接座表面光滑、无毛刺，外表面在喷砂处理后进行了电化学处理，以提高耐腐蚀性和美观性。

为方便站立乘客使用，在座椅上方的水平扶手杆上设置了适当数量的吊环。吊环采用难燃性树脂加玻璃纤维材质制成，具有良好的阻燃性，并以组件形式安装，便于维护和更换。扶手、吊环、立柱布置如图 2-24 所示。

七、地板

地板采用蜂窝地板。地板、地板布、橡胶制品的防火性能应满足相关防火和安全要求，整个地板结构需要接受耐火测试，并达到在 20min 内保持完整和绝缘。

地板横向接缝采用搭接形式,横向接缝处下方铺设铝梁。铝梁固定到波纹地板焊接的螺柱上,铝梁与波纹地板间加复合橡胶垫,铝蜂窝地板在侧墙、横向接缝及地板中部均用螺钉固定,铝蜂窝地板与铝梁间加橡胶板减振。地板布采用纵向通长接缝,最后铺装。地板如图 2-25 所示。

图 2-24　扶手、吊环、立柱布置

图 2-25　地板

客室检查

对客室内的车窗、顶板、侧墙、座椅、灭火器、扶手、立柱、吊环、地板等设备进行检查,并将检查结果登记在表 2-2 中。

客室检查　　　　　　　　　　　　表 2-2

检查项目	作业内容和作业说明	检查结果记录
客室车窗	□车窗检查是否干净,无油污等。 □检查玻璃是否有裂纹和严重划伤。 □检查玻璃夹层中是否有进气和进水的现象。 □检查密封条是否密封良好。 □检查窗户是否安装牢固	□是　□否 □是　□否 □是　□否 □是　□否 □是　□否
顶板、侧墙	□检查顶板各紧固件是否松动。 作业说明:螺栓松动必须紧固且需加螺纹紧固胶。 □检查外表是否光滑洁净。 作业说明:顶板应经用清水或中性水清洗和擦拭内顶板表面,去除油污、汗渍等	□是　□否 □是　□否
客室座椅	□检查座椅面是否干净,无油污等。 □检查座椅面是否严重破坏,座椅骨架安装用螺栓、座椅面安装用螺栓是否松动脱落	□是　□否 □是　□否
内部辅助设施	□检查残疾人座椅固定扣、标志标语贴纸、广告贴、广告框是否被损坏	□是　□否
灭火器	□检查灭火器压力表是否正常。 作业说明:如果压力小于工作压力下限则需更换灭火器。 □检查灭火器安装罩的安装螺钉,如有松动及时紧固。 作业说明:日常检查、使用、取放灭火器时应轻拿轻放,不可用力过猛	□是　□否 □是　□否

续上表

检查项目	作业内容和作业说明	检查结果记录
扶手、立柱、吊环	□检查扶手杆各紧固件是否松动。若有松动，必须紧固螺钉。 □检查吊环是否损坏、安装紧固件是否有松动。若吊环损坏必须立刻更换；若安装紧固件有松动情况，必须紧固螺钉。 □清洁扶手杆及吊环。 作业说明：可用中性或弱酸弱碱性的清洁剂(如肥皂水、洗衣粉水等)对扶手杆及吊环进行清洁	□是　□否 □是　□否 □是　□否
地板	□检查地板是否清洁	□是　□否

复习思考题

一、选择题

1. (　　)上设有各种吊梁、吊卡、线槽、安装座，用来安装车钩缓冲装置、各种机电设备、制动设备等。
   A. 底架 B. 侧墙
   C. 端墙 D. 车顶

2. (　　)主要用于贯通通道、空调单元、司机室的连接。
   A. 底架 B. 侧墙
   C. 端墙 D. 车顶

3. 对车辆质量的限制较为严格，特别是高架轻轨，要求列车质量_____、轴重_____，以降低线路设施的工程投资。(　　)
   A. 重,小 B. 轻,重
   C. 轻,小 D. 小,轻

4. 车体结构使用寿命应该能达到(　　)年。
   A. 10 B. 15
   C. 20 D. 30

5. (　　)用于显示列车各设备的状态信息、警示标志、操作按钮，司机也可通过该设备向列车发送操作指令。
   A. 司机操作显示屏 B. 车辆显示屏
   C. 司机控制器 D. 警惕按钮

二、判断题

1. 车体结构按使用的主要材料可分为普通碳素钢车体、高耐候结构钢车体、不锈钢车体、铝合金车体。　　　　　　　　　　　　　　　　　　　　　　(　　)

2. 按照车体结构承受载荷的方式不同，车体可分为底架承载结构、侧墙和底架

共同承载结构和整体承载结构三类。　　　　　　　　　　　（　　）
3. 车体结构按照有无司机室可分为司机室车体和客室车体两种。（　　）
4. 全碳纤维复合材料地铁车体已成为当前运营列车车体的主流。（　　）
5. 不锈钢车体具有耐腐蚀性好、不用修补、使用寿命长等优点。（　　）

三、简答题

1. 简述车体基本结构组成。
2. 简述车体的发展历程。
3. 简述防爬器的作用。
4. 简述客室设备组成。

项目 3
转向架

内容概述

转向架是支承车体及其载荷并引导车辆沿着轨道运行的走行装置。为了便于通过曲线,在车体和转向架之间设有心盘或中心回转装置,使转向架可以实现相对于车体的转动。为了改善车辆运行品质和满足运行要求,在转向架上设有弹簧减振器装置和制动装置。动车转向架上装有牵引电动机和驱动装置,以驱动车辆运行。转向架是城市轨道交通车辆非常重要的部件之一,其性能参数直接决定车辆的稳定性和乘坐舒适性。转向架主要组成如图3-1所示。

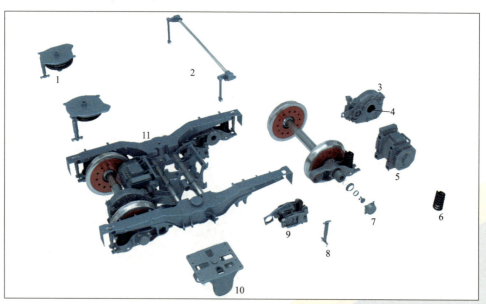

图3-1 转向架主要组成

1-二系悬挂系统;2-抗侧滚扭杆;3-齿轮减速箱;4-联轴节;5-牵引电动机;6-一系弹簧;7-轮对轴箱装置;8-液压减振器;9-盘式制动装置;10-中央牵引装置;11-构架组成

知识目标

1. 了解城市轨道交通车辆转向架的发展历程；
2. 掌握城市轨道交通车辆转向架的作用、特点与类型；
3. 熟悉城市轨道交通车辆转向架的基本结构；
4. 掌握城市轨道交通车辆转向架的技术参数与受力传递过程。

能力目标

1. 能叙述城市轨道交通车辆转向架的作用和基本要求；
2. 能识别不同类型的转向架并在列车上找到转向架各部件的位置。

素质目标

1. 增强遵循规则和在约束下追求目标化的行业规范与安全意识；
2. 树立工匠精神，培养一丝不苟的学习态度；
3. 养成良好的新知识和新工艺的学习习惯。

建议学时

12 学时。

单元3.1　转向架概述

转向架是城市轨道交通车辆重要的组成部件之一,它是保证车辆运行品质、动力性能和行车安全的关键部件。转向架安装在车体与轨道之间,用来牵引和引导车辆沿着轨道行驶,承受与传递来自车体及线路的各种载荷并可缓和其动力作用。

城市轨道交通车辆运行于地下隧道或城市的高架线路上,要求转向架具有较低的噪声和良好的减振性能,并且具有适应车辆载质量变化较大的能力,所以转向架广泛采用空气弹簧和橡胶弹簧作为弹性悬挂元件。

一、转向架的基本作用及要求

转向架的结构和功能都比较简单,但是随着技术的发展和人们对车辆运行速度、安全性、舒适性的要求的提高,转向架的科技含量也在不断提高,其基本作用及要求如下:

(1)车辆上采用转向架是为增加车辆的载重、长度与容积,提高列车运行速度,以满足铁路运输发展的需要。

(2)保证在正常运行条件下,车体都能可靠地落在转向架上,轴承装置使车轮沿钢轨的滚动转化为车体沿线路运行的平动。

(3)支承车体,承受并传递从车体至轮对之间或从轮轨至车体之间的各种载荷及作用力,并使轴重均匀分配。

(4)保证车辆安全运行,能灵活地沿直线线路运行及顺利地通过曲线。

(5)结构便于弹簧减振装置的安装,使之具有良好的减振特性,以缓和车辆和线路之间的相互作用,减少振动和冲击,减小动应力,提高车辆运行的平稳性、安全性和可靠性。

(6)充分利用轮轨之间的黏着传递牵引力和制动力,放大制动缸所产生的制动力,使车辆具有良好的制动效果,以保证在规定的距离内停车。

(7)转向架是车辆的一个独立部件,在转向架与车体之间应尽可能减少连接件,并要求结构简单、拆装方便,以便于转向架可单独制造和检修。

二、转向架的组成

转向架类型较多,结构各异,但各种转向架的基本组成和主要功能是相同的。转向架由构架、轮对轴箱装置、弹性悬挂装置、基础制动装置、牵引电动机与齿轮传动装置等部件组成。动车转向架的组成如图3-2所示;装有ATP天线和TWC(车地双向通信系统)天线的拖车转向架如图3-3a)所示,不带ATP天线和TWC天线的拖车转向架如图3-3b)所示。

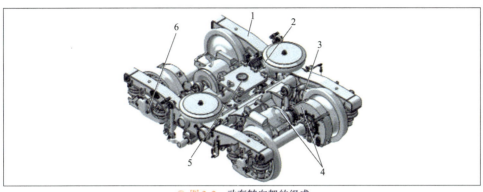

◎ 图3-2 动车转向架的组成

1-构架;2-二系悬挂装置;3-基础制动装置;4-牵引电动机和齿轮传动装置;5-中央牵引装置;6-轮对轴箱装置

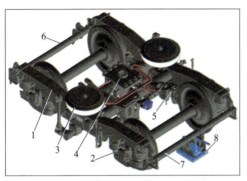
a) 装有ATP天线和TWC天线的拖车转向架

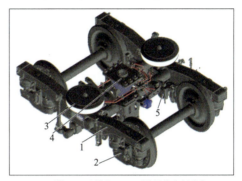
b) 不带ATP天线和TWC天线的拖车转向架

◎ 图3-3 拖车转向架的组成

1-构架组成;2-轮对轴箱装置;3-二系悬挂装置;4-中央牵引装置;5-基础制动装置;6-ATP天线梁;7-TWC天线梁;8-ATP天线

1. 构架

构架是转向架的基础,它把转向架的各个零(部)件组成一个整体。它不仅要承受和传递各种载荷及作用力,而且它的结构、形状尺寸都应满足各零(部)件组装的要求。构架对其设计的要求如下:①构架部分尺寸精度要求高,以保证一些部件的高精度安装定位;②便于各部件与附加装置的安装;③具有足够的强度和刚度。

按结构形式的不同,构架通常又分为开口式构架、封闭式构架,或者H形构架、日字形构架、目字形构架等。目前,城市轨道交通车辆转向架普遍采用H形轻量化低合金高强度钢板焊接构架,如图3-4所示。

2. 轮对与轴箱装置

轴箱与轴承装置是联系构架和轮对的活动关节,它使轮对的滚动转化为车体沿着轨道的平动。轮对沿钢轨的滚动除传递车辆的质量外,还传递轮轨之间的各种作用力。

3. 弹性悬挂装置

为了保证轮对与构架、转向架与车体之间的连接,同时减小线路的不平顺和轮对运动对车体的影响,在轮对与构架、转向架与车体之间装有弹性悬挂装置,轮对与构架弹性悬挂装置又称一系悬挂装置,转向架与车体间弹性悬挂装置又称二系悬挂装置。弹性悬挂装置主要由弹簧、减振器及轴箱定位装置等组成。

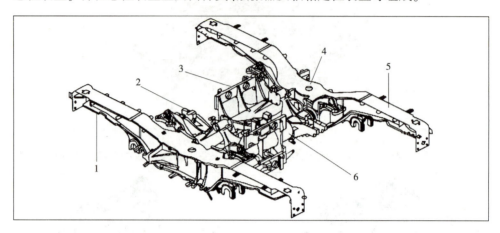

◎ 图 3-4　某地铁 3 号线转向架 H 形构架

1—一系弹簧安装座;2—齿轮箱吊杆安装座;3—牵引电动机安装座;4—空气弹簧支座;5—侧梁;6—横梁

4. 基础制动装置

为使运行中的车辆在规定的距离内停车,必须安装制动装置。其作用是传递和扩大制动缸的制动力,使闸瓦与车轮或闸片与制动盘之间的转向架内摩擦力转换为轮轨之间的外摩擦力(制动力),产生制动效果。通常,城市轨道交通车辆转向架采用单侧踏面制动单元(闸瓦制动)或单元制动夹钳装置(盘形制动)。

5. 牵引电动机与齿轮传动装置

动力转向架上设有牵引电动机与齿轮传动装置。它使牵引电动机的力矩转化为轮对或车轮上的转矩,用轮轨之间的黏着作用驱动车辆沿着钢轨运行。

知识拓展

国内典型的城市轨道交通车辆转向架

国内的转向架大致可分为三种:第一种是我国引进的完全由外国研制生产的转向架;第二种是我国的机车公司引进国外技术,并在此基础上对部分技术进行改进发展而来的转向架;第三种是我国自主研发制造的转向架。国内典型的地铁转向架有以下四种。

(1)无摇枕空气弹簧转向架。无摇枕空气弹簧转向架是由德国杜瓦格(Duewag)公司制造的,主要运用于上海地铁 1 号线、2 号线,广州地铁 1 号线车辆,最大运行速度 80km/h。

(2)无摇枕的 H 形构架转向架。无摇枕的 H 形构架转向架是由已成熟的欧洲系列3转向架及ET42X转向架系列发展而来的,主要运用在深圳地铁1号线、沈阳地铁1号线、北京地铁1号线、5号线和10号线,以及武汉地铁车辆上。其一系悬挂系统采用锥形插入式合成橡胶弹簧装置,二系悬挂系统采用的是空气弹簧,采用的均是标准零部件及成熟的设备,其维护工作最小化并基于可移动模块的原则使车辆效用最大化,只有制动闸瓦需要定期进行磨耗检查。该转向架设计构造速度90km/h,最高运行速度80km/h。

(3)国内自主研发的转向架。国内自主研发的转向架主要用在北京地铁车辆上,有摇枕DK型转向架和无摇枕转向架两种形式。其中,有摇枕DK型转向架是由我国自行设计制造的,用于早期北京地铁车辆,有DK1型、DK2型、DK3型、DK8型和DK16型。无摇枕转向架是我国长春客车厂从1994年开始设计制造的转向架。这种类型的转向架一系悬挂装置采用圆锥叠成橡胶弹簧,并兼做轴向定位装置,二系悬挂装置采用无摇枕的空气弹簧。

(4)ZMA120转向架。ZMA120转向架是中国中车集团在SIEMENS的SF2500型转向架的基础上,通过消化吸收西门子的设计技术、工艺制造技术、质量控制技术、国外先进标准等已进行全面国产化的转向架。该转向架最大轴重为14t,最高运行速度为120km/h,设计构造速度为135km/h。

三、转向架的分类

1. 按轴数分类

按轴数分类,转向架一般分为单轴转向架和多轴转向架。轻轨车辆有单轴转向架(图3-5),城市轨道交通车辆通常只有2轴转向架(图3-6),而铁道机车车辆有3轴转向架和4轴转向架(图3-7)等。

◎ 图3-5　单轴转向架

◎ 图3-6　2轴转向架

2. 按弹簧装置形式(悬挂方式)分类

按弹簧装置形式(悬挂方式)分类,转向架一般分为一系悬挂和二系悬挂。其中,一系悬挂转向架仅在轮对轴箱与构架或者仅在构架与车体间有弹簧(仅有第一系弹簧或仅有第二系弹簧),适用于中、低速车辆,如图3-8和图3-9所示。二系悬挂转向架除了在轮对轴箱与构架间有弹簧外,还在构架与车体间有弹簧(同时有第一系弹簧和第二系弹簧)(图3-10),适用于高速车辆。

◎ 图 3-7　4 轴转向架

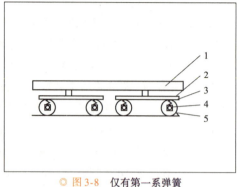

◎ 图 3-8　仅有第一系弹簧

1-车体车架；2-转向架构架；3-第一系弹簧；4-轴箱；5-轮对

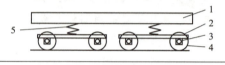

◎ 图 3-9　仅有第二系弹簧

1-车体车架；2-转向架构架；3-轴箱；4-轮对；5-第二系弹簧

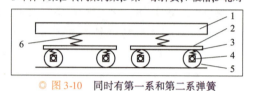

◎ 图 3-10　同时有第一系和第二系弹簧

1-车体车架；2-转向架构架；3-第一系弹簧；4-轴箱；5-轮对；6-第二系弹簧

3. 按轴箱定位形式分类

大多数城市轨道交通车辆转向架结构形式的不同主要体现在轴箱定位方式上。所谓的轴箱定位，就是轮对定位限制轮对与构架之间纵横两个方向的相互位置关系。轴箱定位装置在纵向和横向要求具有适当的弹性定位刚度值，从而避免车辆在运行速度范围内蛇行运动失稳，保证在曲线运行时具有良好的导向性能，减轻轮缘与钢轨的磨耗，降低噪声，确保运行安全、平稳。

轴箱定位形式有以下四种：

（1）转臂式轴箱定位（又称弹性铰定位）。定位转臂的一端与圆筒形轴箱体固接，另一端以橡胶弹性节点与构架上的安装座相连接。弹性节点允许轴箱与构架在上下方向有较大的位移，弹性节点内的橡胶节点能满足轴箱纵向和横向不同的定位刚度要求。转臂式轴箱定位如图 3-11 所示。

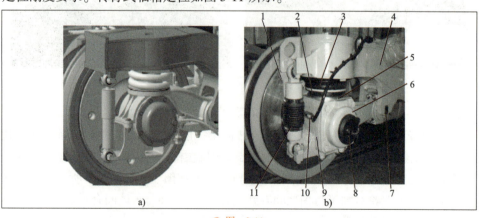

◎ 图 3-11

c)

图3-11 转臂式轴箱定位

1-轮对提吊;2-橡胶垫;3-轴箱弹簧(及防雪罩);4-构架;5-调整垫;6-轴箱盖;7-轴箱定位节点;8-橡胶盖;9-轴箱体;10-温度传感器;11-轴箱垂向减振器

（2）金属层叠橡胶堆式轴箱定位。人形和锥形橡胶叠层弹簧如图3-12和图3-13所示。压剪型层叠橡胶弹簧装在构架与轴箱之间，其垂向刚度较小，使轴箱相对构架有较大的上、下方向位移，而它的纵、横向有适宜的刚度，以实现良好的弹性定位。

图3-12 人形橡胶叠层弹簧

图3-13 锥形橡胶叠层弹簧

（3）双拉杆式+弹性节点轴箱定位。双拉杆式+弹性节点轴箱定位装置如图3-14所示。拉杆的两端分别与构架和轴箱销接，拉杆两端的橡胶垫、套分别限制轴箱与构架之间的横向与纵向的相对位移，实现弹性定位。拉杆允许轴箱与构架在上下方向有较大的相对位移。弹性节点为橡胶件，使纵、横向具有一定的刚度。

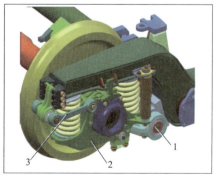

图3-14 双拉杆式+弹性节点轴箱定位装置
1-弹性节点;2-轴箱;3-拉杆

（4）拉板式轴箱定位。拉板式轴箱定位装置如图3-15所示。它用特种弹簧钢材制成的薄片形定位拉板，其一端与轴箱连接，另一端通过橡胶节点与构架相连。拉板式轴箱定位装置利用拉板在纵、横向的不同刚度约束构架与轴箱的相对运动,以实现弹性定位。拉板上下弯曲刚度小,对轴箱与构架上下方向的相对位移约束很小。

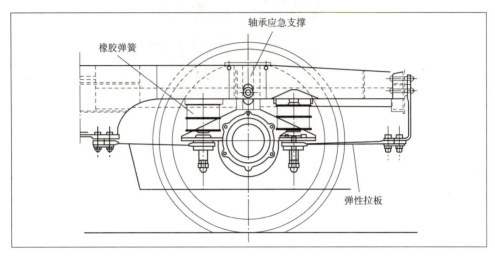

◎ 图3-15　拉板式轴箱定位装置

目前,城市轨道交通车辆转向架轴箱定位大多数采用转臂式和层叠橡胶弹性定位,是无磨耗的轴箱弹性定位装置,可以满足轴箱纵、横向不同定位刚度的要求,具有较为理想的定位性能。

4.按车架与转向架间的连接装置形式分类

按车架与转向架间的连接装置形式分类,转向架可分为有心盘(有牵引销)转向架(地铁车辆常用)、无心盘(无牵引销)转向架和铰链式转向架(轻轨车辆常用)。

四、转向架力的传递过程

转向架主要承受垂向载荷(车体施加)、纵向载荷(牵引力和制动力)、横向力(车体侧向振动和轨道施加)。

(1)垂向载荷传递过程:车体→空气弹簧→构架→一系弹簧→轴箱→轮对→钢轨。

(2)纵向牵引力传递过程:牵引电动机→联轴节→齿轮箱→轮对→轴箱→一系弹簧→构架→牵引拉杆→车体安装座→车体。

电制动力传递过程与此相同,只是力的方向相反。

气制动力的传递过程:轮对→轴箱→一系弹簧→构架→牵引拉杆→车体安装座→车体。

(3)车体施加横向力的传递过程:车体$\begin{Bmatrix}空气弹簧→紧急弹簧\\车体安装座→横向止挡\end{Bmatrix}$→构架→一系弹簧→轴箱→轮对→钢轨。

单元3.2　轮对轴箱装置结构

一、轮对

轮对是车辆的重要部件之一,它承受着从车体、钢轨传递来的各种作用力,并引导车轮沿钢轨滚动完成车辆的运行。轮对性能的好坏直接影响行车安全。因此,轮对必须坚固耐用,具有足够的强度、弹性;轮对的内侧距是保证车辆运行安全的一个重要参数,我国地铁车辆轮对内侧距为(1353±2)mm。

轮对主要由车轴、车轮组成。为了满足传动和支承转向架的需求,轮对上安装有轴箱,动轴还安装有齿轮箱(直线牵引电动机车辆除外)。轮对由一根车轴和两个同等级型号的车轮通过过盈配合组装而成。通常采用冷压或热套的工艺来组装轮对,确保车轮与车轴牢固地接合在一起,并保证使用过程中无松脱现象。广州地铁2号线庞巴迪ET423系列转向架动车轮对轴箱装置如图3-16所示。

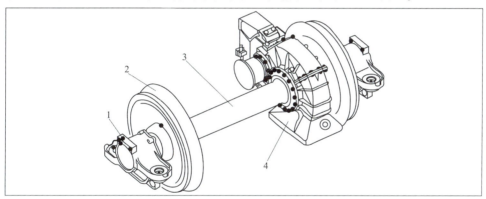

图3-16　广州地铁2号线庞巴迪ET423系列转向架动车轮对轴箱装置
1-轴箱;2-车轮;3-车轴;4-齿轮箱

1.车轴

(1)车轴的种类。车轴主要分为拖车车轴和动车车轴两大类,如图3-17所示。其主要区别是动车车轴配有齿轮箱与齿轮轮座。

(2)车轴各部分的组成。拖车车轴由轴颈、防尘板座、轮座和轴身四部分组成。轴颈是安装滚动轴承和承载的部件,防尘板座供安装防尘板,轮座是车轴与车轮配合的部位,轴身是两轮座的连接部分。动车车轴,前四部分和拖车车轴一样,只增加了安装齿轮的齿轮座。

(3)车轴材质和加工工艺。城市轨道交通车辆的车轴一般采用优质碳素钢制成;安装座及轴身之间均以圆弧过度,以减少应力集中。

(4)车轴的发展。动车组和部分城市轨道交通车辆已经开始使用新型的空心车轴。

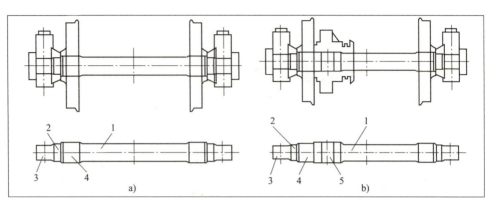

● 图3-17 动、拖车轮对及车轴

1-轴身；2-防尘板座；3-轴颈；4-轮座；5-齿轮座

2. 车轮

车轮一般按结构、踏面形状和制造工艺进行分类。现分述如下。车轮结构如图3-18所示。

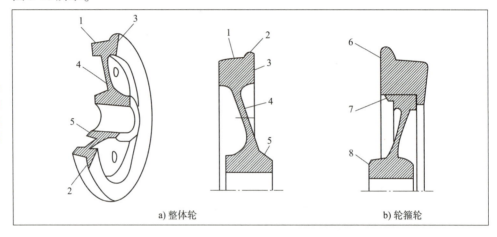

● 图3-18 车轮结构

1-踏面；2-轮缘；3-轮辋；4-辐板；5-轮毂；6-轮箍；7-扣环；8-轮心

（1）车轮按结构可分为整体轮、轮箍轮、橡胶弹性轮和消声轮，如图3-19所示。

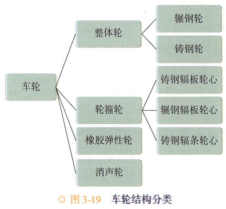

● 图3-19 车轮结构分类

（2）车轮按踏面的形状可分为锥形踏面车轮和磨耗型踏面车轮。锥形踏面车轮容易导致蛇行运动，容易磨损，且镟轮后损耗比较大。因此，如今城市轨道交通车辆普遍采用磨耗型踏面车轮。磨耗型踏面车轮是把车轮踏面做成类似磨耗后的稳定形状，即磨耗型踏面。LM型踏面是我国车辆广泛采用的磨耗型踏面。车轮采用磨耗型轮毂的原因有：①可增大轮轨接触面积，减少轮轨接触应力，明显减少轮与轨的磨耗;②发生磨耗后外形变化小,镟轮时无益消耗小,减少车轮修复成原形时镟切掉的材料,延长车轮使用寿命,减少车轮检修工作量;③既能保证车辆直线运行的横向稳定,又有利于曲线通过。

(3)车轮按制造工艺可分为整体辗钢轮、铸钢轮和新型铸钢轮。我国城市轨道交通车辆普遍采用整体辗钢轮。整体辗钢轮由踏面、轮缘、辐板和轮毂组成。

3. 轮对技术参数

轮对技术参数见表3-1。

轮对技术参数　　　　　　　　　　　　表3-1

主要技术参数	参数值	主要技术参数	参数值
内侧距(mm)	1353	轴距(mm)	2300
车轴最大载荷(t)	<14	新车轮(mm)	840
半磨损车轮直径(mm)	805	最大磨损车轮直径(mm)	770
轮缘厚度(mm)	>26	轮缘高度(mm)	<35
同一轴的两轮直径的最大差不大于(mm)	2	同一转向架两轮轴之间的轮径差不得大于(mm)	7
同一车辆的各轮直径差不得大于(mm)	15	轮对擦伤的标准范围(mm)	深度>0.5,长度>30

二、轴箱装置

轴箱装置(图3-20)是实现轮对与构架相互连接、相互运动的关键部件,起着承上启下的作用。它是连接轮对与构架的活动关节,既可传递牵引力、横向力和垂向力,又可实现轮对与构架间的垂向运动和横向运动。

1. 轴箱装置的作用

(1)连接轮对与转向架构架,支承一系悬挂弹簧的底部,支承转向架构架。

图3-20　轴箱装置

(2)承受和传递轮对与转向架之间的各种载荷,承受车体重力,传递牵引力、制动力。

(3)给轴承内外圈定位,保持轴颈和轴承的正常位置,从而保证车轴正常安装位置。

(4)使轮对沿钢轨的滚动转化为车体沿线路的平动。

(5)轴箱采用滚柱轴承,在提高承载能力的同时降低轴箱摩擦系数,减少车辆启动和运行的阻力,以适应城市轨道交通车辆高速运行、启动频繁、行车密度大的要求。

(6)保持轴承油脂,保证轴承良好的润滑性能,并具有良好的密封性,防止尘土、雨水等的侵入或油脂甩出,从而防止油脂润滑作用被破坏,避免烧轴事故。

2. 轴箱装置的组成

轴箱与轴承的组合体称为轴承轴箱装置,由轴箱和轮对轴承组成。

轴箱由轴箱体、防尘挡板、轴箱盖以及轴端压板、防尘挡圈、密封和轴端附属装置等部件组成。圆柱滚动轴承轴箱装置如图 3-21 所示。下面主要介绍轴箱体、轴箱盖附属装置。

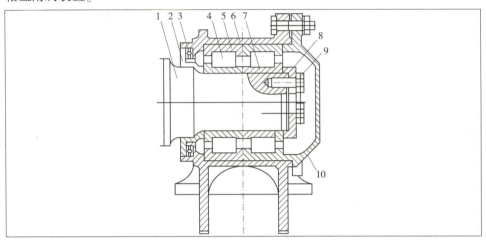

◎ 图 3-21　圆柱滚动轴承轴箱装置

1-车轴;2-防尘挡板;3-密封;4-圆柱滚子;5-轴承外圈;6-轴箱;7-轴承内圈;8-内圈压板;9-螺栓;10-轴箱盖

（1）轴箱体。轴箱体为铸钢筒形结构,铸有弹簧托架,用来安装轴箱弹簧等配件。轴筒内安装滚子轴承,与轴承外圈为间隙配合。其主要作用是组装、支承各零(部)件,连接构架,传递载荷。轴箱体如图 3-22 所示。

（2）轴箱盖附属装置。轴箱盖上装有附属装置,主要包含制动控制单元（BCU）、速度传感器（图 3-23）、ATC 测速传感器（图 3-24）和接地装置（图 3-25）。

◎ 图 3-22　轴箱体

◎ 图 3-23　速度传感器

◎ 图 3-24　ATC 测速传感器

◎ 图 3-25　接地装置

知识拓展

轴承的分类

我国城市轨道交通车辆转向架的轴承主要采用滚动轴承。与早期的滑动轴承相比,采用滚动轴承的车辆能显著降低车辆启动阻力和运行阻力,提高牵引列车质量和运行速度。滚动轴承的轴箱根据安装设备的不同而命名。滚动轴承按滚动体形状分类,主要有圆柱滚动轴承、圆锥滚动轴承、球面滚动轴承等形式。一般城市轨道交通车辆都采用圆柱滚动轴承或圆锥滚动轴承,如广州地铁1号线车辆采用双列圆柱滚动轴承,2号线车辆采用双列圆锥滚动轴承,3号线车辆为整体式双列圆锥滚动轴承。

1. 圆柱滚动轴承

圆柱滚动轴承[图3-26a)]的滚子是圆柱形的,一般属于双列分体式轴承,采用聚合物保持架,并用迷宫环对润滑脂进行非接触式密封。圆柱滚动轴承的滚子既能承受径向力,又能承受轴向力。

2. 圆锥滚动轴承

圆锥滚动轴承[图3-26b)]的滚子是圆锥形的,目前应用比较广泛。采用圆锥滚子,一般为整体式轴承,也采用聚合物保持架,其主要轴向载荷由滚道承受(20%~30%的载荷由挡边承受)。

3. 球面滚动轴承

球面滚动轴承[图3-26c)]是一种通过滚珠或滚子来减少摩擦的机械元件。它由内外圆柱面和球或滚子组成,通过滚珠或滚子在内外圆柱面之间滚动来减少摩擦和承受重载。

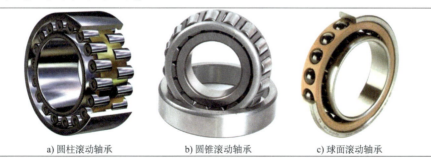

a) 圆柱滚动轴承　　b) 圆锥滚动轴承　　c) 球面滚动轴承

图3-26　三种类型的滚动轴承

单元3.3 弹簧减振装置结构

城市轨道交通车辆都采用车辆悬挂装置。车辆悬挂装置可分为一系悬挂装置(又称轴箱悬挂装置)和二系悬挂装置(中央悬挂装置)。其中,一系悬挂装置设置在转向架与轴箱之间,二系悬挂装置设置在车体底架与转向架构架之间。

一、一系悬挂装置

一系悬挂装置由螺旋钢弹簧、橡胶垫、转臂橡胶关节和一系垂向减振器等主要部件组成。图3-27、图3-28为螺旋钢弹簧和人字形层叠式橡胶弹簧。

图3-27 螺旋钢弹簧

图3-28 人字形层叠式橡胶弹簧

一系悬挂装置的纵向和横向刚度主要由转臂橡胶关节提供,垂向刚度主要由螺旋钢弹簧提供,转臂橡胶关节提供部分垂向刚度。采用这种悬挂方式,轴箱各向定位相对独立,定位刚度准确稳定。

一系悬挂装置的主要功能如下:支承轮对以上的车辆质量,传递牵引力和制动力,缓冲牵引力及制动力的冲击和支承构架与车体重力。

二、二系悬挂装置

二系悬挂装置装配有两个空气弹簧,左、右两侧各一个,如图3-29所示。

空气弹簧位于构架两侧的侧梁上,支承车体。构架横梁选用无缝钢管兼做空气弹簧附加空气室,通过空气弹簧底部与附加空气室之间的节流孔完成二系阻尼减振。空气弹簧采用小刚度、大柔度的气囊,以改善车辆乘坐的舒适性。空气弹簧气囊内部下方的紧急弹簧具有较低的垂向和横向刚度,可以保证在空气弹簧失效的紧急工况下,车辆仍能够维持低速安全运行。

转向架装有一个差压阀,保证转向架两侧空气弹簧内压差不超过行车安全规定的某一规定值(通常为1bar①)。若超过,差压阀将自动连通左、右两侧的空气弹簧,使压差维持在规定范围内。因此,差压阀在空气弹簧装置中起保证安全的作用。

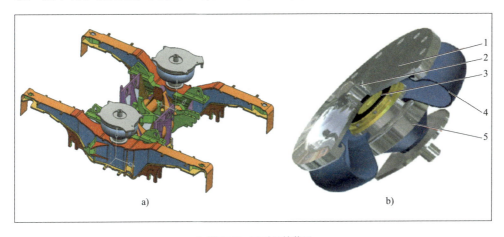

图 3-29 二系悬挂装置
1-面板;2-密封环;3-磨耗板;4-气囊;5-紧急弹簧

二系悬挂装置的主要功能如下:
(1)支承车体质量。
(2)减小振动,避免共振,提高车辆的运行平稳性。
(3)通过高度阀调节确保车辆高度。

二系弹簧直接支承车体,或者通过摇枕支承车体。为了提高乘车舒适度,应该使用大柔度弹簧。此外,为了方便车辆顺利通过曲线,保证车辆的横向稳定性,二系弹簧还应具有良好的横向性能。目前,城市轨道交通车辆普遍采用空气弹簧作为二系弹簧。空气弹簧主要由空气囊和金属橡胶紧急弹簧组成。如转向架安装好后进行加载试验,发现转向架两侧紧急弹簧座高度偏差过大(一般不应大于3mm),可以在紧急弹簧底部加垫调整。若镟轮或车轮磨耗导致车体地板面下降过多,也可在转向架两侧紧急弹簧安装座处加垫片补偿地板面高度。

三、高度阀

空气弹簧的充排气由安装在构架与车体或构架与摇枕之间的高度阀根据车辆目前的载客量自动控制,确保不同载荷下空气弹簧的性能基本稳定,并同时保证车辆地板面高度不变。

车体高度变化时,连接车体(摇枕)和构架的驱动杆上下运动,触动高度阀的控制臂,使高度阀保压、充气或排气。

(1)如图 3-30a)所示,正常载荷(保压)时,即 $h = H$ 时,充气通路 V→L 和放气通路 L→E 均被关闭。

城市轨道交通车辆高度控制阀工作原理

---

① 1bar = 10^5 Pa。

(2) 如图 3-30b) 所示,当车体载荷增加(充气)时,即 $h<H$ 时,高度阀动作,使 V→L 通路开启,压缩空气向空气弹簧补充,直至车厢地板上升到标定高度。

(3) 如图 3-30c) 所示,当车体载荷减小(排气)时,即 $h>H$ 时,高度阀动作,放气通路 L→E 开启,空气弹簧向大气排气,直到地板面降至标定高度为止。

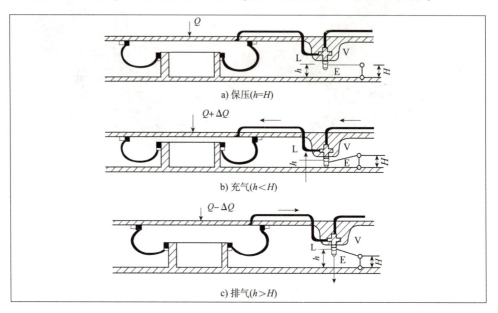

图 3-30　高度控制阀工作原理
h-地板实际高度;H-地板标定高度;Q-载荷

四、减振器

减振器是弹簧减振装置的重要组成部分之一,主要用来减少振动。城市轨道交通车辆一般采用液压减振器。液压减振器的工作原理是:车体振动时带动活塞上下运动,驱动油液流经节流阀节流而产生减振阻力,系统的振动机械能转化成油液的热能而散失掉,从而达到减振的目的。

按安装部位不同,减振器分为安装在轴箱与构架之间的一系减振器和安装在构架与车体之间的二系减振器[图 3-31a)、图 3-31b)];按衰减振动的方向不同,减振器分为横向减振器[图 3-31c)]、垂向减振器、抗蛇行减振器,城市轨道交通车辆一般采用横向减振器与垂向减振器两种,蛇行减振器广泛应用于高速列车。

KONI 系列减振器和 SACHS 系列减振器都在城市轨道交通车辆中广泛使用,其内部结构有很大不同。

城市轨道交通车辆对液压减振器有如下基本要求:

(1) 具有合适而稳定的阻力和特性。
(2) 结构坚固,使用寿命长。
(3) 使用过程中油液不泄漏。
(4) 便于维修。

a) 一系垂向减振器　　b) 二系垂向减振器　　c) 横向减振器

图 3-31　减振器

五、抗侧滚扭力杆

抗侧滚扭力杆的主要部件是主扭杆。主扭杆是一根具有一定扭转刚度的弹簧杆,横贯构架横梁,两端弯曲或装有扭臂,通过垂向连杆与上方的车体(或摇枕)连接或与下方的转向架构架连接。图 3-32 所示为广州地铁 3 号线车辆抗侧滚扭力杆。

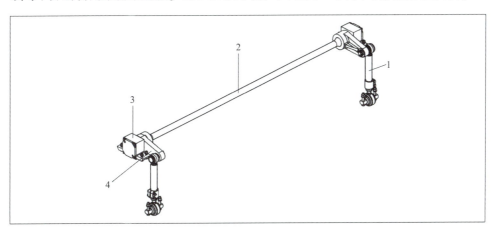

图 3-32　广州地铁 3 号线车辆抗侧滚扭力杆
1-垂向连杆;2-主扭杆;3-支承座;4-扭臂

城市轨道交通车辆通过二系悬挂装置来满足车辆更高的性能要求。为了提高乘坐舒适性,二系悬挂装置采用较小的刚度。当车体受到离心力、侧向力和偏载等因素影响时,刚度较小的二系悬挂装置不能保证车体维持正常姿态,车体两侧较容易出现相对转向架的高度差,即车体相对于转向架发生侧滚运动。这将降低车辆乘坐舒适性和运行平稳性,并且可能使车辆超出列车的动态包络线。

在车体和转向架之间安装抗侧滚扭力杆装置以后,车体相对于转向架进行侧滚运动时,可通过垂向连杆把车体的侧滚运动传递给扭臂,扭臂绕主扭杆中心作用一个力偶,使主扭杆产生扭转变形。发生扭转变形的主扭杆的复原弹力反作用于车体,可以缓冲并减少车体的侧滚运动,从而一方面保证了车辆不超出限界,确保车辆安全运行;另一方面保证了车辆的乘坐舒适性。

单元3.4 牵引连接装置、驱动装置和基础制动装置

一、牵引连接装置

城市轨道交通车辆转向架普遍采用无摇枕结构。由于没有摇枕,车体直接位于空气弹簧上,必须靠牵引装置来实现摇枕所具有的传递纵向力和转向功能。牵引连接装置为车体和转向架提供了合适的纵向刚度,减少了牵引中心销牵引和制动时的冲击,使列车运行平稳。

1. 牵引连接装置的功能及特点

(1)传递纵向的驱动力和制动力,同时允许二系弹簧在垂向和横向柔软地动作。

(2)纵向具有适当的弹性,以缓冲转向架触头、车轮不平衡质量等引起的纵向振动。

(3)结构上应便于车体与转向架的分离和连接。

(4)由于取消了摇枕,需安装横向油压减振器、横向缓冲橡胶、空气弹簧异常上升止挡等,这些部件的安装和拆卸不能增加车体与转向架分离作业的工时。

2. 典型的中央牵引连接装置的结构

图3-33所示的中央牵引连接装置结构位于牵引杆两端与中心销及转向架连接部位,设有橡胶弹性定位套。这种橡胶关节的弹性定位能够保证转向架绕中心销在各个方向都有一定程度的摆动。这既保证了转向架抗蛇行运动的性能,又能实现转向架与车体之间的转角,保证车辆顺利通过曲线。广州地铁2号线车辆采用的就是这种牵引连接装置结构。

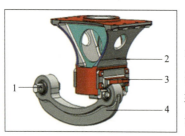

◎ 图3-33 中央牵引连接装置
1-橡胶弹性定位套;2-中心销;3-提升止挡;4-索引拉杆系统

二、牵引驱动装置

根据城市轨道交通车辆牵引电动机的种类,城市轨道交通车辆有直流传动方式和交流传动方式之分,国内近年的城市轨道交通项目基本上为交流传动方式。

1. 旋转牵引电动机的牵引驱动装置

旋转牵引电动机转向架的牵引驱动装置主要由牵引电动机、联轴节、齿轮箱、构架横梁组成,如图3-34所示。电动机转矩通过联轴节传递到齿轮箱,再由齿轮箱传递给车轮,车轮通过轮轨黏着作用,使转矩转化为牵引力或制动力。下面就重要的展开介绍。

(1)牵引电动机。城市轨道交通车辆的动车转向架装有两台牵引电动机,每根车轴上各安装一台牵引电动机,一般采用架悬式安装方式,能有效地减轻簧下质量。牵引电动机一般为笼形三相异步交流电动机,功率200kW左右。与直流电动机相比,交流电动机具有维护简单、故障率低、调速方便等优点。

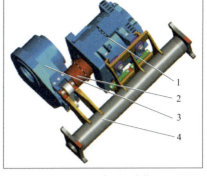

◎ 图3-34 牵引驱动装置
1-牵引电动机;2-联轴节;3-齿轮箱;4-构架横梁

(2)联轴节。联轴节由电动机端单元与齿轮箱单元组成,把牵引电动机的转矩传递给齿轮箱,从而驱动车轮运动。联轴节的每个单元都是由相互啮合的外圈和内圈组成的,内圈通过过盈配合压紧在牵引电动机输出轴或齿轮箱输出轴上。

(3)齿轮箱。齿轮箱的一端悬挂在构架上,另一端安装在车轴上。它主要起减速、传递并增大转矩的作用。牵引电动机的输出轴经联轴节与齿轮箱的小齿轮相连接,大齿轮通过过盈配合安装于车轴上。

2. 直线电机的牵引驱动装置

直线电机转向架没有齿轮箱和联轴节,直接通过与线路上的感应板发生电磁作用,得到一个向前的牵引力或向后的电制动力。

直线电机可视为一台旋转牵引电动机沿半径方向切开而展平的感应电动机,定子(磁铁和线圈)和转子(感应板)分别安装在车辆转向架与轨道中间的导轨上,其原理和普通旋转感应式电动机的原理一样,只是运动方式为直线运动(图3-35)。

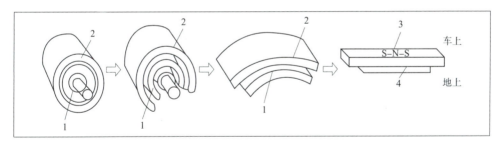

◎ 图3-35 直线电机原理
1-转子;2-定子;3-直线感应电动机磁铁和线圈(定子);4-感应板(转子)

三、基础制动装置

车辆除了设有牵引电动机的电制动系统外,转向架还安装了另外的摩擦制动系统,转向架的每个轮对均配有基础制动装置。以采用轮盘制动的列车为例,基础制动装置安装在转向架构架的侧梁上,该装置具有闸片间隙自动调整功能,使闸片与制动盘间隙始终保持在规定的范围内,每个转向架上装有两个具有停放制动功能的基础制动装置(图3-36)。

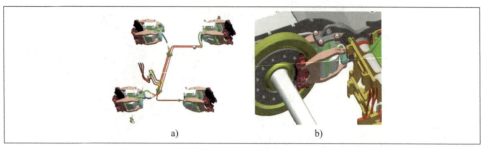

◎ 图3-36 基础制动装置

复习思考题

一、选择题

1.（　　）是车轴受力最小的部分，为了减轻自重，所以采用空心结构。
　　A. 轴颈　　　　B. 轴身　　　　C. 轮座　　　　D. 齿轮箱座
2. 保持车轮沿钢轨运行，防止脱轨的车轮结构为（　　）。
　　A. 踏面　　　　B. 轮缘　　　　C. 辐板
3. 约束轮对与轴箱之间相对运动的机构称为（　　）装置。
　　A. 轮对定位　　B. 轴承定位　　C. 轴箱定位　　D. 悬挂定位
4. 车轮直径为（　　），采用磨耗形踏面，允许车轮磨耗最小直径为（　　）。
　　A. 840mm，770mm　B. 826mm，732mm　C. 800mm，770mm　D. 840mm，700mm
5. 城市轨道交通车辆通常采用（　　）轴转向架。
　　A. 单　　　　　B. 2　　　　　C. 3　　　　　D. 4

二、填空题

1. 转向架位于车体与钢轨之间，一节车设有_____个转向架。
2. 转向架按有无动力装置分为_____转向架和_____转向架。
3. 轮对由车轮与车轴压装而成，是由一根_____和_____组装而成的。
4. 城市轨道交通车辆轮对采用_____轮。
5. 空气弹簧由气囊和_____弹簧组成。
6. 城市轨道交通车辆采用交流传动技术，采用旋转牵引电动机和_____电动机两种类型。
7. 传动装置主要由牵引电动机、_____和齿轮箱组成。

三、简答题

1. 简述转向架的主要功能。
2. 简述转向架的主要组成部分。
3. 简述轴箱定位的定位方式。
4. 简述抗侧滚扭杆的作用。
5. 简述转向架力的传递过程。

项目 4
车门

内容概述

车门是城市轨道交通运营车辆上使用频繁的设备,其状态的好坏不仅影响乘客的安全,还直接关系到列车能否正常运行。如果运行列车出现车门故障,需要司机和站务员迅速处理,否则容易危及乘客安全,导致列车晚点或退出服务。城市轨道交通车门按照技术特征分为滑动门和塞拉门,其中塞拉门因外观美观、空气阻力小、密封性好等优点,成为目前城市轨道交通车辆的主流。塞拉门主要由机构安装系统、承载驱动系统、门扇及限位导向系统、内外操作系统、电气系统组成,如图 4-1 所示。

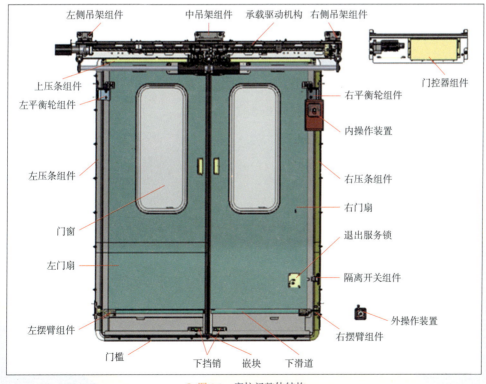

◎ 图 4-1　塞拉门整体结构

知识目标

1. 了解车门的特点及编号；
2. 熟悉车门的类型、结构部件及各部件功能；
3. 掌握客室车门的控制原理。

能力目标

1. 能识别车门的结构与部件；
2. 能正确操作客室车门并进行调整；
3. 能处理常见的车门故障。

素质目标

1. 了解车门在车辆运行中的重要性，培养服务意识；
2. 培养自主学习能力和探索精神；
3. 培养良好的职业习惯，树立安全意识与质量意识；
4. 增强从事轨道交通行业的认同感和自豪感。

建议学时

8学时。

单元 4.1　车门的特点、类型及编号

一、车门的特点

城市轨道交通车辆车门系统是乘客及司机上、下车的通道,是车辆车体的一个组成部分,它不仅与客车的动力性、经济性、综合性能密切相关,而且对协调客车的整体造型起着重要作用。车门系统的外形设计、开合方式以及加工制造与控制方式不仅影响客车外形的美观与动感,而且直接影响城市轨道交通车辆的安全运营状况。因此,车辆车门系统在车辆中具有重要地位,是其他任何部件所不能取代的。

城市轨道交通车辆车门一般具有以下几个特点:

(1) 有足够的有效宽度(一般为 1300~1400mm)。
(2) 均匀对称布置,以便站台乘客均匀分配,上、下车方便迅速。
(3) 要有足够数量的车门(一般 A 型车 5 对,B 型车 3 对或 4 对)。
(4) 车门附近有足够的空间,缓和上、下车的拥挤。
(5) 能确保车辆运行安全和乘客的安全。

目前,国内外的车辆门系统的制造厂家有南京康尼、德国 BODE、奥地利 IFE、日本 Nabco、法国 Faiveley 等厂家,这些厂家的车门技术代表了目前车门系统的技术水平。

二、车门的类型

1. 按驱动动力来源的不同分类

(1) 气动式车门。

气动式车门(图 4-2)以压缩空气为动力源,由压缩空气驱动传动风缸,再通过机械传动系统和电气控制系统来完成车门的开关动作。气动式车门主要由门页、车门导轨、传动组件、门机械锁闭机构、车门紧急解锁装置、气动控制系统以及电气控制系统等组成。由于车门技术的进步,目前城市轨道交通车辆很少采用这种车门,但广州地铁 1 号线使用的德国西门子进口列车仍采用此种车门系统。

◎ 图 4-2　气动式车门

(2) 电动式车门。

电动式车门由电动机通过传动装置控制门页来完成开关门动作,主要由电动

机、传动装置、控制器、闭锁装置和紧急开门装置等组成。电动式车门的传动装置有两种常见的传动类型:一种是电动机驱动时,使齿带绕着齿带轮做旋转运动,同时带动左、右门页向相反方向运动来实现门的开关;另一种是电动机通过一根左、右同步的丝杆和球形螺母驱动滚珠摆动导向件来实现门的开关。

2. 按开启方式及结构形式的不同分类

(1)内藏嵌入式滑动移门。

内藏嵌入式滑动移门(简称内藏门),车门传动机构设于车厢内侧车门的顶部,车辆开关门时,门页在车辆侧墙的外墙板与内饰板之间的夹层内移动。车门开启后,门页藏于外墙与内护板的夹层之间;车门关闭后,车门与车体外墙不在同一平面,而是凹于车体外墙内。内藏门如图4-3所示。

◎ 图4-3 内藏门

(2)外挂式滑动移门。

外挂式滑动移门(简称外挂门),与上述内藏门的驱动结构和工作原理相同,主要区别在于开关门时,门页和悬挂机构始终位于侧墙的外侧。外挂门如图4-4所示。

(3)塞拉门。

塞拉门借助车门上端的传动机构和导轨启动和关闭。启动状态时,门页贴靠在侧墙外侧;关闭状态时,门页外表面与车体外墙成一平面。塞拉门如图4-5所示。

车门的形式种类虽然各不相同,但功能和性能参数却大同小异。

3. 按用途的不同分类

对城市轨道交通车辆而言,按照功能的不同,车门可分为司机室侧门、司机室后端门、客室侧门、客室端门和紧急疏散门五类。各类车门的位置如图4-6所示。

(1)司机室侧门(图4-7)多采用一扇单叶车门,在司机室两侧墙上分别设置;司机室侧门由人工控制,没有气动或电动驱动装置,供乘务人员上下车。城市轨道交通车辆司机室车门一般有内藏门、塞拉门及折页门三种类型。

(2)司机室后端门(图4-8)是在司机室后端墙中间设有一个与客室相通的通道门,司机可以由后端门进入客室车厢,并通过客室车厢进入另一端司机室。在客室一侧没有开门把手,但设置了紧急开门装置;正常情况下不允许乘客开启。当乘客发现危险性事故时,可以使用紧急开门装置,开启后端门。

图 4-4 外挂门

图 4-5 塞拉门

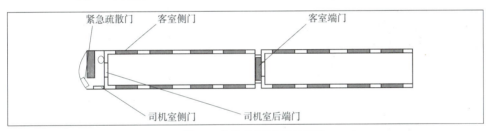
图 4-6 各类型车门位置示意图

图 4-7 司机室侧门

图 4-8 司机室后端门

(3) 客室侧门均匀布置在车体的侧墙两边,是乘客上下车的通道,也是列车上数量最多、使用最频繁的车门。客室侧门可在 ATO 模式下自动开关,也可以由司机手动操作司机室开关门按钮控制单侧车门。

(4) 客室端门设置在两节车厢之间的贯通道位置,也称为列车贯通门,将列车按编组分成若干个独立空间。现代地铁列车基于列车容量、乘客在各车厢的均匀分布、突发事件疏散等因素,已经取消了客室端门。

(5) 紧急疏散门设置在带司机室车厢的前端墙上(图 4-9)。列车在隧道内运行时一旦发生火灾等危险事故,司机可打开紧急疏散门,释放紧急疏散梯,引导乘客通过紧急疏散梯走向路基中央,然后向两端的车站疏散。

a)

b)

图 4-9 紧急疏散门

三、车门的编号

为便于识别、车门定位、检修、客室车厢设备定位及乘客遗落物品找寻,城市轨道交通车辆的每个客室侧门均有编号。虽然不同地铁线路车辆车门编号具有差异性,但均遵循相应的车门编号规则。

1. 车门编号规则

目前城市轨道交通车辆客室车门存在两种编号方式:一种是直接对车门进行编号,自一位端到二位端,每辆车的左侧车门为由小到大的连续奇数,右侧车门为由小到大的连续偶数;另一种是对门扇进行编号,车门编号由两个单独门扇的号码合并组成,自一位端到二位端,每辆车的左侧门扇为由小到大的连续奇数,右侧门扇为由小到大的连续偶数。车门的两种编号方法如图 4-10 所示。

2. 确认客室车门编号的方法

当车门出现故障需要站务人员协助司机处理时,首先必须准确地找到并确认故障门的位置。

登上列车前(车外):在车门右侧立柱上方贴有车门、安全门编号(图 4-11),或者通过车身外部印刷的编号来确认(图 4-12)。

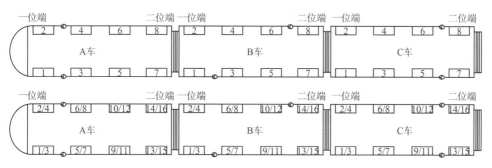

◉ 图 4-10　车门的两种编号方法

◉ 图 4-11　站台门处编号　　　　◉ 图 4-12　车身外编号

登上列车后(车内):

(1)乘客报警器旁印有车厢编号和车门编号(图 4-13)。

(2)每个门旁扶手上方印有车门编号(图 4-14)。

(3)车厢连接处印有车厢编号(图 4-15)。

◉ 图 4-13　报警器旁车厢编号　　◉ 图 4-14　车厢门旁扶手上方编号　　◉ 图 4-15　车厢连接处编号
　　　　　　和车门编号

单元4.2 车门的结构及控制原理

对于不同类型的车门,其组成结构略有不同,但都包括车门悬挂及导向机构、车门驱动装置,左、右门扇,安全装置,车门密封装置等机械部件,以及电子门控单元、电气连接、负责监测的各类行程开关、指示灯等电气或气动部件。本单元以电动塞拉门为例介绍车门结构与控制原理。

一、车门的结构

城市轨道交通车辆采用的电动塞拉门根据部件的功能不同,分为机械安装部件、承载驱动部件、门扇及限位导向部件、内外操作装置、电气部件五大部件,其整体结构如图4-16所示。

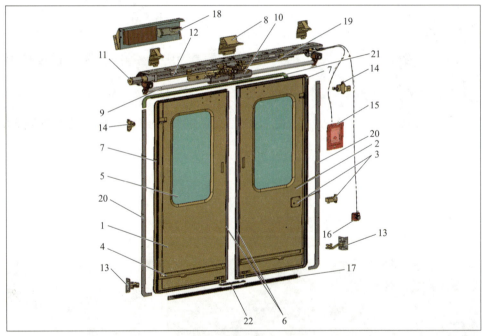

◎ 图4-16 电动塞拉门整体结构

1-左门扇;2-右门扇;3-切除装置;4-下导轨;5-门窗;6-护指胶条;7-周边胶条;8-安装支架;9-导柱;10-携门架;11-电动机;12-丝杆;13-摆臂组件;14-平衡轮;15-内紧急解锁装置;16-外紧急解锁装置;17-门槛;18-EDCU;19-上导轨;20-侧密封压条;21-上密封压条;22-嵌块

1. 机械安装部件

机械安装部件用于车体与车门构件之间的连接,保证车门与车体密合,保证车门密封性。机械安装部件主要包括安装架、压条、门扇周围的密封橡胶条及门槛。其中,安装架分为顶吊架(1个)和侧吊架(左右各1个)。通过安装架的连接,车门驱动承载机架被固定在车体上。车门压条(包括上压条和左侧压条、右侧压条)被安装在客室车门的门框上。车门关闭后,压条与门扇的周边胶条配合,保证了门扇的防水密封性。门槛位于门框底部,安装在车体上,门槛上装有嵌块,确保塞拉门的下部塞入密封。机械安装部件如图4-17所示。

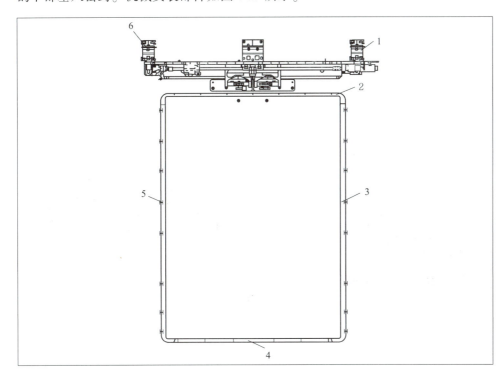

◎ 图 4-17　机械安装部件

1、6-侧吊架;2-上压条;3-右压条;4-门槛;5-左压条

2. 承载驱动机构

承载驱动机构是车门系统的核心部件,是车门的驱动机构和执行机构。承载驱动机构主要包括丝杆、电动机、上导轨等,如图4-18所示。

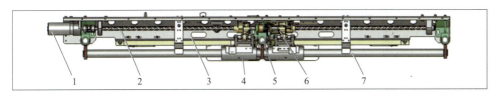

◎ 图 4-18　承载驱动结构

1-电动机;2-丝杆;3-上导轨;4-携门架;5-横向导柱(短导柱);6-传动螺母;7-纵向导柱(长导柱)

丝杆是车门系统实现开关门动作的动力传递部件,螺母副中有2只滚动销沿丝杆螺旋槽滚动。电动机驱动时,丝杆驱动传动螺母实现电动开关门;无电时,传动螺母可以驱动丝杆实现手动开关门。H形传动架将螺母副与携门架直线轴承连接起来。长导柱为门的纵向开闭提供自由度并保证在开关门过程中门板与车体平

行;短导柱承受车门板的重量并为车门提供内外横向移动自由度。

丝杆螺母通过传动架和携门架上的连接座与携门架相连,携门架通过直线轴承在长导柱上滑动。传动机构组件如图4-19所示。携门架通过螺钉牢牢地安装在门扇上,将门扇的所有质量和动力传送给纵向导柱。

携门架通过连接座与传动架连接,架体与门扇相连,滑筒直线轴承在长导柱上滑动,滚轮在上滑道中运动,缓冲头为门页的全开提供定位。门扇连接处提供了一个偏心调节装置(图4-20中的偏心轮7),该装置用来调节门扇的"V"形。在携门架内部,还有一个偏心调节装置(图4-20中的偏心轮3),该装置用来调节门扇与车体之间的平行度。

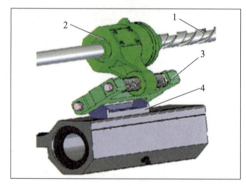

◎ 图4-19　传动机构组件

1-丝杆;2-螺母副;3-H形传动架;4-携门架

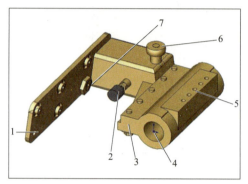

◎ 图4-20　携门架组件

1-携门架架体;2-橡胶缓冲头;3、7-偏心轮;4-携门架滑筒;5-连接座;6-滚轮

3. 门扇及限位导向部件

门扇是三明治结构,铝骨架+铝蜂窝芯+铝板,热固化成型,铝板边缘卷边包裹在铝骨架上,增强机械附着强度。门扇结构如图4-21所示。

车门的运动导向是通过滑道(呈一定的形状,实现相关的横向和纵向运动)使门扇沿设定的轨迹运动。门扇限位导向装置主要包括上滑道、平衡轮、下滑道、下挡销等部件。

(1)上滑道(图4-22)安装在门机架上,携门架上有一滚轮在滑道里滚动,其轨迹对门扇的运动起导向作用,门扇的横向与纵向运动均通过其实现。

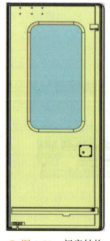

◎ 图4-21　门扇结构

(2)平衡轮(图4-23)与安装在门扇上部后沿的压板配合(压紧),以防止任何可能的垂直向上的力使门扇偏移。

(3)下滑道(图4-24)安装在门扇下部并与摆臂组件(图4-25)相配合,以保证门扇下部的导向运动。

(4)下挡销安装于左右门扇下部位置,在钳块的导向槽中运动,其主要作用是减少门扇的变形(图4-26)。

◎ 图4-22　上滑道

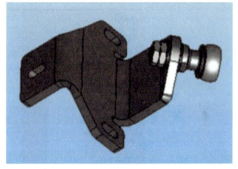
◎ 图4-23　平衡轮

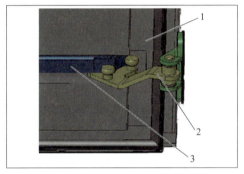
◎ 图4-24　下滑道
1-门页；2-摆臂；3-下滑道

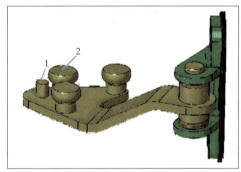
◎ 图4-25　摆臂组件
1-防脱销；2-滚轮

4. 内外操作装置

内外操作装置主要包括内部紧急解锁装置、外部紧急解锁装置与门隔离装置。

（1）内部紧急解锁装置。

为了能够在紧急情况下解锁并打开车门，在内侧墙上装有一个紧急开门装置。操作该装置，将会启动紧急解锁开关，并发出"紧急操作"信号，通过牵拉绳索，门锁被释

◎ 图4-26　下挡销
1-导向槽；2-固定螺钉；3-下挡销

放。如果此时车辆门释放列车线有效，可以手动开门；如果车辆门释放列车线无效，电动机将施加在关门方向上一个力，以阻止门被打开。在紧急手柄复位后，门的开关回到正常操作状态。内部紧急解锁装置结构如图4-27所示。

（2）外部紧急解锁装置。

从外侧看，每节车厢每侧面各设置1个紧急入口装置，用四方钥匙（7×7）操作（图4-28）。该装置被激活，其作用与内部紧急解锁装置所描述的功能相同。

（3）门隔离装置。

车门的右侧门柱上（从内往外看）装有一隔离锁装置，以实现门的机械隔离（图4-29）。在车门出现故障，不能进行正常服务时，可以手动将车门移至关闭且锁紧的位置并隔离车门。

内藏式与塞拉式客室车门紧急解锁原理比较

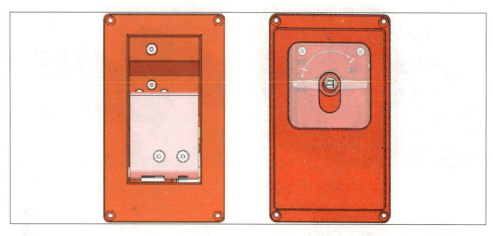

图 4-27 内部紧急解锁装置结构

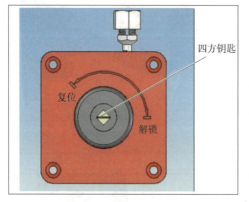

图 4-28 外部紧急操作装置——四方钥匙

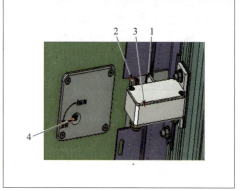

图 4-29 退出服务装置
1-开关杠杆；2-锁插销；3-开关盒；4-四方钥匙

5. 电气部件

电气部件包括门控器（图 4-30）、驱动电动机（图 4-31）、行程开关（图 4-32）、蜂鸣器（图 4-33），其主要作用是控制车门及监控车门状态。下面就重要的元件展开介绍。

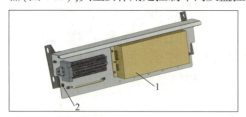

图 4-30 门控器（EDCU）
1-门控器；2-安装螺钉

图 4-31 驱动电动机

（1）门控器（EDCU）包括内部电源、微控制器和程序存储器。其中，微控制器驱动车门电动机，并控制电动机转矩以及电动机的电流和速度。每节车厢客室门 1 和客室门 2 的 EDCU 为主车门控制单元（MDCU），其余客室车门的 EDCU 则作为本地车门控制单元(LDCU)来使用。

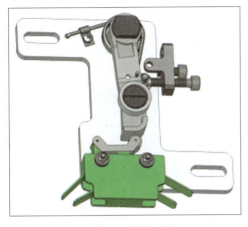

图 4-32 行程开关

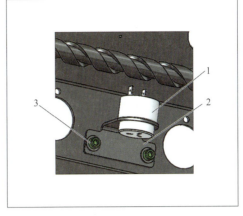

图 4-33 蜂鸣器

1-蜂鸣器;2-蜂鸣器支架;3-紧固螺钉

(2)驱动电动机为车门实现开关动作的动力来源,供电电压为 DC 110V,包括一个带减速装置的直流电动机和一个齿轮联轴节。通过联轴节,电动机的旋转运动传递到丝杆并最终带动门页运动。

(3)行程开关是门控器的感知元件,将车辆的状态转换为高低电平的形式。车门上的行程开关有锁到位开关(S1)、关到位开关(S4)(图 4-34)、隔离开关(S2)(图 4-35)和紧急解锁开关(S3)(图 4-36)四种,分别用于监控车门锁到位、关到位、隔离、紧急解锁的状态。

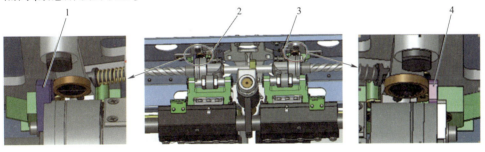

图 4-34 关到位开关与锁到位开关

1、4-螺母撞板;2-关到位开关;3-锁到位开关

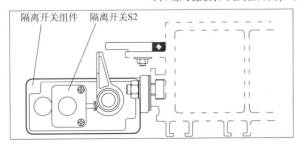

图 4-35 隔离开关

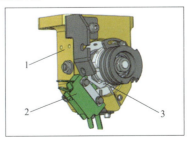

图 4-36 紧急解锁开关

1-支架;2-紧急解锁开关 S3;3-滚轮

做一做

在实训塞拉门上找到以下设备,并描述它的数量和功能,填入表 4-1。

塞拉门各组件数量及功能　　　　　表 4-1

序号	设备名称	数量	功能
1	门页		
2	携门架		
3	丝杆/螺母副		
4	导轨		
5	平衡轮		
6	内部紧急解锁装置		
7	外部紧急解锁装置		
8	门控单元		
9	车门电动机		
10	全程锁闭装置		
11	横向导柱		
12	纵向导柱		

二、车门的工作原理

当车门完全关闭时,门扇与车辆的外表面平齐。开门时,门扇一开始就进行横向 + 纵向的复合运动,然后沿着车体侧面滑动,直到完全打开的位置。塞拉门系统的工作原理图如图 4-37 所示。

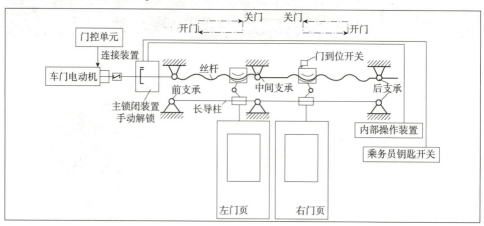

图 4-37　塞拉门系统的工作原理图

门的运动由 EDCU 控制,由一个带减速箱的电动机驱动丝杆(丝杆一半是右旋的,一半是左旋的)来实现。传动螺母与携门架组件通过铰链结构相连,经过丝杆、携门架组件门扇被移动。

1. 开门

当车门 EDCU 接收到开门信号时,EDCU 会输出电信号驱动电动机往开门方向工作,电动机通过皮带把电力传送给丝杆,丝杆运动将会带动与之啮合的螺母运动,螺母通过携门架与门扇连接,从而带动门扇同步运动。

2. 关门

当车门 EDCU 接收到关门信号时,输出电信号驱动电动机往关门方向工作,电动机通过传动装置把电力传送给丝杆,丝杆运动将会带动与之啮合的螺母运动,螺母通过携门架与门扇连接,从而带动门扇同步运动。

三、车门的电气控制原理

EDCU 是车辆电气和车门机械操纵机构之间的接口,EDCU 对车门的控制由可编程序控制器实现。车门的电气控制原理图如图 4-38 所示。当零速信号有效且有开门使能(门允许)信号时,EDCU 接收到开门指令后将控制车门电动机朝开门方向动作,并将车门的相关状态传送给列车控制及诊断系统。关门是一个与开门相反的过程。

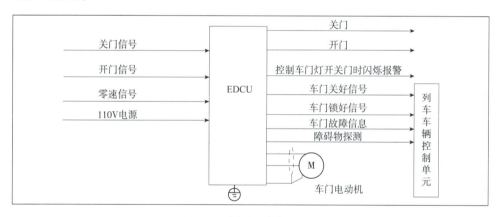

图 4-38　车门的电气控制原理图

单元 4.3　车门的功能

一、开/关门功能

车门控制方式有网络、硬线两种类型,通过司机室继电器柜内车门控制模式转换开关（图4-39）来进行切换。当切换开关处在"网络"位时，EDCU将接收列车控制与监控系统（TCMS）给出的开门、关门信号；当切换开关打在"硬线"位时，EDCU将接收来自车辆硬线给出的开门、关门信号。

在驾驶台上的车门开关模式旋钮（图4-40）设有"AA"（自动，开关门全自动）、"AM"（半自动，开门自动、关门手动）和"MM"（开关门均为手动）三个位置。车门在ATO模式下可自动打开也可以由司机进行开关，在ATP模式下由司机手动控制。当车门由司机进行开关时，是司机通过操作门控面板的按钮来实现的。门控面板安装在司机室内，左右侧分开，每侧设一套。

◎图4-39　门控制模式转换开关

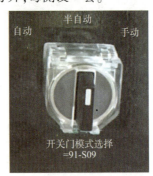

◎图4-40　车门开关模式旋钮

二、开关车门的二次缓冲功能

车门的二次缓冲功能是指车门在"接近全开"和"接近全关"时须有可调节的缓冲性能。

三、障碍物自动检测和防夹功能

每个车门的控制单元都具有障碍物自动检测功能，当障碍物检测被激活后，黄色的状态指示灯会持续点亮，司机室人机界面显示器（HMI）会显示开关门检测障碍物的状态图标。

开门过程遇到障碍物，开门阻力增大，障碍物检测被激活，会使开门循环停止1s，在6次（可调）尝试开门后，门将会停留在此位置并且门控器会认为此位置是最大可达开门位置，司机室HMI将显示对应车门开门"障碍监测激活"状态图标。此时任何关门指令都可将门关闭。

关门过程中遇到障碍物，障碍检测被激活，将会施加一个持续0.5s的最大关门力，之后门自动打开一定距离（可调），停止1s后，再次关闭，连续循环3次（可调）障碍检测都被激活，车门将运动到全开位置，司机室HMI将显示对应车门关门"障碍监测激活"状态图标。

总的来说，车门的防夹功能通过检测电动机电流和车门的移动位置来实现。

四、车门故障切除功能

每一扇门的车内和车外均设一个切除装置，目的是当车门出现故障时可以将车门从服务状态切除并使其处于机械锁闭状态。当车门处于关闭且锁闭的状态时，从内侧或外侧可用四方钥匙（7×7）实现车门隔离。

门切除后，EDCU关闭切除门所有运动功能，保留故障诊断及通信功能，同时门控器将该门的切除状态通过数据流传给网络，并在HMI上显示车门被切除图标,车门红色指示灯持续明亮。

五、车门指示警示功能

车门通过门内外侧指示灯及蜂鸣器发挥警示功能。在车辆每个客室门内侧上方设有一个黄色车门状态指示灯、一个红色车门隔离指示灯,如图4-41所示,每辆车外侧左右两侧中央高位各设一个黄色指示灯。在每个客室侧门的机构上装有一个蜂鸣器。车门状态与指示灯及蜂鸣器状态对应关系见表4-2。

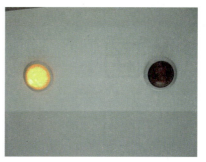

图4-41 内侧车门指示灯

车门状态与指示灯及蜂鸣器状态对应关系　　　表4-2

序号	车门状态	门状态指示灯	车外侧指示灯	门切除指示灯	蜂鸣器
1	门关好	灭	灭	灭	停止鸣响
2	开全开	亮	亮	灭	停止鸣响
3	开/关门过程	闪	亮	灭	鸣响
4	门切除	灭	灭	亮	停止鸣响
5	即将关门	闪	亮	灭	鸣响
6	门紧急解锁	亮	亮	灭	停止鸣响
7	开关门障碍物检测过程	闪	亮	灭	鸣响
8	开关门障碍物激活	亮	灭	亮	停止鸣响

司机室车门控制面板按钮下有不同颜色的状态指示灯,为司机提供车门状态指示。司机室HMI也会监控和指示车门的各种状态,其画面截图如图4-42所示,各车门状态图标见表4-3。

"门状态"画面

图4-42 HMI车门状态画面截图

HMI 显示的车门状态图标　　　　　表 4-3

序号	图标	门状态	序号	图标	门状态
1	#	紧急解锁	5		关门检测到障碍物
2	🔒	门切除	6		开门检测到障碍物
3		门故障	7		门开、无故障
4		门警告	8		门关、无故障

六、车门紧急解锁功能

为了在紧急状态下手动开关门,每扇车门旁都设置了紧急解锁装置。同时,每节车厢的外侧也设置了一处紧急解锁装置,用于紧急情况下站务人员从外侧打开车门。当列车速度大于零时,列车上任何与外界联系的车门都不允许正常打开,一旦操作了紧急解锁装置,车门会保持一个关紧力,并执行紧急制动,直至速度为零时车门关紧力才消失,此时车门才能被机械解锁开门。

七、车门旁路功能

◎ 图 4-43 "门关好旁路"开关

通过每套车门的门关到位行程开关、紧急解锁行程开关串联成一个车门安全联锁回路,列车只有在所有车门都关好且锁闭的情况下才可以牵引运营。当车门出现故障无法关闭或锁紧而使列车出现牵引封锁时,可操作司机室电气柜中的"门关好旁路"开关(图 4-43)实现牵引允许。

八、零速保护

车门只有当车辆为零速时才可以打开。门控器只有在车门使能列车线为高电平时才允许打开车门,确保列车只有零速及相关条件才能接通开门电路。如列车正线运营时,无法检测到零速信号,则需要操作"门零速旁路"开关(图 4-44)实现开门。

九、安全联锁回路

由于车门的状态关系到乘客及运营安全,为确保列车运行过程中车门正确锁闭,列车设置安全互锁回路。只有当所有车门关好锁闭后,所有车门安全互锁环路闭合,列车才能牵引启动。

如在运营中出现门关好故障,也可操作司机室电气柜的"门关好旁路"开关,取消牵引封锁。

如果车门操作机械隔离,安全互锁回路将被忽略。

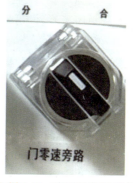

图4-44 "门零速旁路"开关

十、车门故障显示、储存诊断功能

当车门出现故障时,故障信息可在 EDCU 和 TCMS 中分别存储与读取,并显示在司机室 HMI 事件信息界面上。同时,EDCU 诊断储存控制车门的故障代码也可通过 EDCU 的 USB 接口连接计算机,进行故障代码读取。

知识拓展

列车车门故障时站务员应急操作

当车站发生车门故障时,站务员第一时间报告车控室,然后带好处理故障的备品协助司机处理故障。当司机切除完车门后,站务员需要上车张贴故障纸,如果车门切除后有缝隙,还要跟车并在车内用隔离带做好防护。

(1)车门故障处理所需的备品(图4-45)。车门故障处理车站操作主要备品有两张车门故障纸(最好多带几张故障纸)、隔离带、对讲机。

图4-45 车门故障处理所需的备品

(2)站务员工车门故障处理程序:"一确认、二反推、三贴纸、四好了"。

①一确认。本站停站列车出现车门故障或接到后方站、行车调度员通知或司机报告车门故障的信息后带齐备品尽快到现场进入客室确认故障车门位置,等司机到达故障车门处由司机负责切除该车门,切除故障车门后车门右上方的指示灯亮(图4-46)。

②二反推。司机切除后站务员反向试推故障车门(图4-47),确认车门切

除后锁闭良好,没有空隙。(注意:若反推后有缝隙应立即通知司机处理。)

③三贴纸。在故障车门内侧玻璃上左右各贴一张"此门故障 暂停使用"的故障纸(图4-48),张贴位置在故障车门中间。原则上,车门故障纸由故障所在车站负责张贴,如有异常情况不能及时张贴应马上通知前方站。

◎ 图4-46 司机切除故障门后确认车门右上方的指示灯亮　　◎ 图4-47 站务员反向试推故障车门　　◎ 图4-48 贴上故障纸

④四好了。在迅速贴完车门故障纸后,站台岗确认车门与站台门之间空隙安全和站台安全后,给司机显示好了信号。

特别提示

司机在车门故障时切除故障车门后若仍有空隙(图4-49),车站的处置流程如下:

(1)值班站长按行车调度员指示安排站务员跟车防护。
(2)跟车防护的站务员携带对讲机、隔离带跟车。
(3)疏散故障车门附近乘客,防止乘客围观及靠近车门。用隔离带在故障车门两侧扶手上打"×",做好警示防护(图4-50)。

◎ 图4-49 切除后车门有缝隙　　◎ 图4-50 打"×"做好警示防护

(4)跟车人员抓紧扶手,注意人身安全,随时将车门状况报告给司机,跟车防护人员撤离时机由司机通知。

复习思考题

一、选择题

1. 当列车速度大于5km/h时,列车上任何与外界联系的车门都不允许正常打开,一旦被强行打开,列车将执行(   )。

    A. 停放制动   B. 紧急制动   C. 保压制动   D. 快速制动

2. 地铁自运营以来,(   )的故障率一直居车辆故障首位。

    A. 弹簧减振装置系统   B. 车门系统
    C. 牵引连接装置系统   D. 传动装置系统

3. 每个客室车门上方的内外侧均有一个(   )指示灯——指示车门开关门状态,内侧均有一个(   )指示灯——车门隔离时亮。

    A. 蓝色 橙色   B. 红色 橙色   C. 橙色 红色   D. 绿色 红色

4. 车门电动机电压为(   )。

    A. DC 24V   B. DC 110V   C. AC 110V   D. AC 220V

5. 目前,城市轨道交通车辆已经不再设置(   )。

    A. 客室侧门   B. 司机室侧门   C. 客室端门   D. 司机室端门

二、判断题

1. A型车一节车厢配备4对车门。（   ）
2. 塞拉门传动系统较内藏门和外挂门复杂。（   ）
3. 塞拉门占用车体空间大小介于外挂门与内藏门之间。（   ）
4. 如果操作了紧急解锁装置,必须在列车重新启动之前将该装置复位,以激活门的操作。（   ）
5. 在连续3次关门过程中均检测到障碍物,车门完全打开到最大位置,直到开/关门指令重新将门启动。（   ）
6. 城市轨道交通车辆共有四种车门,即客室车门、司机室车门、紧急疏散门、司机室通道门。（   ）

三、简答题

1. 城市轨道交通车辆的车门应具有什么特点?
2. 车门按照功能可分为哪几种类型?
3. 客室侧门有哪些安全功能?

项目 5
车辆连接装置

内容概述

城市轨道交通车辆都采用编组运行,为提高载客量,常采用车钩连接 4~8 节多编组的车辆连挂运行,同时取消客室端门,将其更换为贯通道装置。因此,车辆连接装置对于列车车辆而言非常重要,它是连接车辆,使得单节的车辆能连挂成一列编组列车,并使其彼此间保持一定距离,传递动车牵引力、缓冲车辆之间的纵向力和冲击力。此外,它还实现了车辆间的电路和气路连接。为确保列车安全运行,适应城市轨道交通高舒适性的要求,车辆连接装置要有较强的强度和一定的灵活度,能缓冲吸收纵向冲击力和振动。城市轨道交通车辆主要采用密接式车钩,在不同的位置分别采用全自动车钩、半自动车钩和半永久牵引杆三种类类型。车辆连接装置的位置如图 5-1 所示。

◎ 图 5-1 车辆连接装置的位置

车辆连接装置主要包括车钩缓冲装置(图 5-2)和贯通道装置(图 5-3),它们可使车辆连接成列,并实现相邻车辆之间的纵向力传递和通道的连接。

◎ 图 5-2　车钩缓冲装置　　　　　　　　◎ 图 5-3　贯通道装置

知识目标

1. 了解车辆连接装置的设备及功能；
2. 了解车钩缓冲装置的分类用途；
3. 了解车钩缓冲装置的结构及作用；
4. 掌握常见缓冲器的结构和作用原理；
5. 了解贯通道及渡板的结构。

能力目标

1. 能识别城市轨道交通车辆的连接装置；
2. 能根据车钩的特征，对其实际运用加以说明；
3. 能识别车钩缓冲装置的各部件；
4. 能识别贯通道各结构。

素质目标

1. 了解车辆连接装置在城市轨道交通运输中的作用，树立安全意识；
2. 培养敏锐的观察能力；
3. 培养主动学习新知识和新工艺的工作习惯；
4. 培养轨道交通行业的自豪感和认同感。

建议学时

6 学时。

单元5.1　车钩缓冲装置概述

一、车钩缓冲装置的作用

车钩缓冲装置是车辆最基本的部件。车钩缓冲装置安装于铁道车辆或城市轨道交通车辆车体底架的两端，用来连接车辆成列，并使之保持一定的距离，传递和缓冲列车在运行中或在调车时所产生的纵向力或冲击力。此外，车钩缓冲装置还可以实现车辆间的电路和气路连接。车钩缓冲装置包括车钩及缓冲器两部分。其中，车钩用于实现牵引连挂，缓冲器用于缓冲牵引连挂时所产生的冲击和振动。缓冲器的工作原理是借助压缩弹性元件来缓冲冲击作用力，同时在弹性元件变形过程中利用摩擦和阻尼吸收冲击能量。

二、车钩的类型

车钩大体分为非密接式车钩和密接式车钩。非密接式车钩[图5-4a)]允许两相连车钩钩体在垂直方向上有相对位移。因此，这类车钩是一种非紧密型连接，车钩间隙远大于3mm。这类车钩较普遍应用于一般铁路客车、货车上。密接式车钩[图5-4b)]不允许两相连车钩钩体在垂直方向上相对位移，所以这类车钩都为紧密连接式的，车钩间隙在3mm以下。这类车钩一般用于对行驶环境要求较高的高速列车及城市轨道交通车辆。

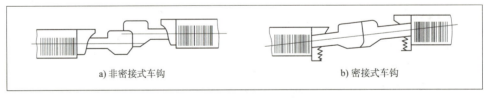

图5-4　非密接式车钩与密接式车钩

车钩连接表面的间隙越小，就越能提高列车的运行平稳性，降低列车的纵向冲击，降低牵引制动产生的噪声。但车钩连接表面间隙越小，意味着制造工艺及维护要求越高，成本也相对高。

三、城市轨道交通车辆车钩类型及技术特点

城市轨道交通车辆中的车钩缓冲装置通常采用风、电均能自动连接的密接式车钩。它要求两钩连接后，其间没有上下和左右的移动，而且要求前后的间隙在很小的范围之内。

根据车辆连挂的特点，城市轨道交通车辆采用三种类型的密接式车钩：全自动

车钩、半自动车钩和半永久牵引杆。列车上一般都有这三类车钩,每种类型车钩的连挂特点不同,在列车上的位置不同,具体运用如图5-5所示。全自动车钩用于编组列车的端部,半自动车钩用于不同编组单元间的连挂,半永久牵引杆用于同一编组单元内部连挂。

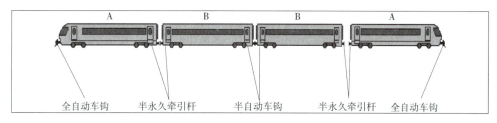

◎ 图5-5　三种类型车钩的布置

全自动车钩和半自动车钩都是依靠相邻车辆钩头上的凸锥和凹锥互相插接的,起紧密连接的作用。这两种车钩使列车的电和气同时连接,其优点是节省人力,保证安全方便;缺点是构造较复杂,强度较低,所以它们仅能用于地铁、轻轨等轻型轨道车辆上。而半永久牵引杆则利用上下两个套筒联轴节把两个钩杆的法兰紧密连接在一起,其优点是构造简单,缺点是耗费人力,不易拆装,仅适用于固定编组车辆的连挂。

做一做

根据你所在城市地铁的各线路车辆编组情况,完成表5-1,写出该线路各车辆连挂方式。

车辆连挂方式　　　　　　　　　　　　　　表5-1

地铁线路	车辆编组	车辆连挂方式
广州地铁1号线	四动两拖	－A＊B＊C＝C＊B＊A－

单元5.2　车钩缓冲装置结构

城市轨道交通车辆基本都采用三种类型的密接式车钩,密接式车钩都由机械连接、电气连接和气路连接三大部分组成,一般设置上部为机械连接部分,下部为气管路连接和电气箱连接,同时每种类型车钩都设置了不同类别的能量吸收装置。

一、车钩的结构

1. 全自动车钩

全自动车钩布置在列车的端部,即司机室的前端位置,用于紧急情况下的列车救援连挂,以保证故障列车不影响线路的运营,其他车辆能顺利通过。全自动车钩采用模块化设计,结构分为钩头、钩身和钩尾三部分。其中,钩头部件包含了机械钩头、机械解钩装置、风管和风管连接器、电气车钩、电气车钩操作装置及车钩电气装置;钩身结构简单,主要包括钩杆和可压溃变形管;钩尾主要有垂向支承、对中装置、带橡胶缓冲器的安装座以及过载保护装置等。钩头、钩身、钩尾三部分用卡环连接。图 5-6 所示为 330 型全自动车钩结构。

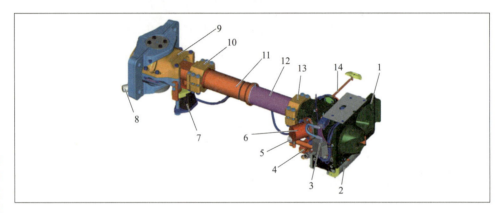

◎ 图 5-6 330 型全自动车钩结构

1-机械钩头;2-电气车钩;3-电气装置;4-电气车钩操作装置;5-风管连接器;6-解钩气缸;7-垂向支承;8-对中装置;9-橡胶缓冲器;10、13-卡环连接件;11-可压溃变形管;12-钩杆;14-解钩拉杆

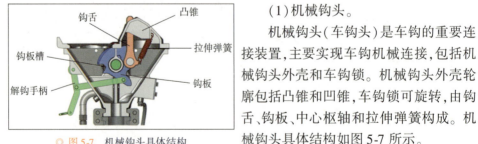

◎ 图 5-7 机械钩头具体结构

(1)机械钩头。

机械钩头(车钩头)是车钩的重要连接装置,主要实现车钩机械连接,包括机械钩头外壳和车钩锁。机械钩头外壳轮廓包括凸锥和凹锥,车钩锁可旋转,由钩舌、钩板、中心枢轴和拉伸弹簧构成。机械钩头具体结构如图 5-7 所示。

(2)机械解钩装置。

机械解钩装置由解钩风管、解钩气缸和解钩杆及手柄组成,如图 5-8 所示。机械解钩装置的主要功能是将车钩锁从连挂位置转到解钩位置,有自动解钩和紧急情况的手动解钩两种方式。

(3)风管连接器。

全自动车钩的风管连接器设有主风管(MRP)和解钩管(UP)两个风管接头,设置于车钩表面的下部中心(或上下部中心各一个),包括管嘴(MRP)、橡胶管(UP)

和阀门,具体结构如图 5-9 所示。主风管接头在列车连挂时连通主风管,解钩管接头在解钩时传导解钩压力空气。

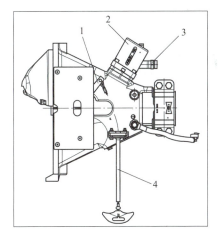

◎ 图 5-8　机械解钩装置
1-解钩杆;2-解钩气缸;3-解钩风管;4-手柄

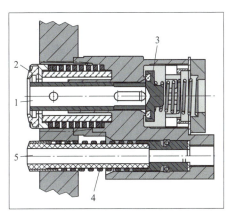

◎ 图 5-9　风管连接器具体结构
1-阀门挺杆;2-管嘴(垫片和套筒);3-阀板;4-弹簧;5-橡胶管

(4)电气车钩。

电气车钩是全自动车钩的一个组成部分,它通过电气的方式连接两辆列车的电路部分。电气车钩可在列车连挂时自动启动,也可手动操作。

电气车钩主要由后封盖、触头块等设备组成,具体结构如图 5-10 所示。

(5)电气车钩操作装置。

电气车钩操作装置位于机械钩头上,具体结构如图 5-11 所示。工作气缸中充有主风管内的压缩空气,可以产生两个方向上的作用力,即电气车钩可实现向前、后退两个方向的水平移动。车钩连挂时工作气缸后进气,电气车钩向前移动,保护罩自动打开,完成连挂;车钩解钩时工作气缸前进气,电气车钩向后移动,回至原位,保护罩自动关闭,断开连接。电气车钩的两种位置状态如图 5-12 所示。

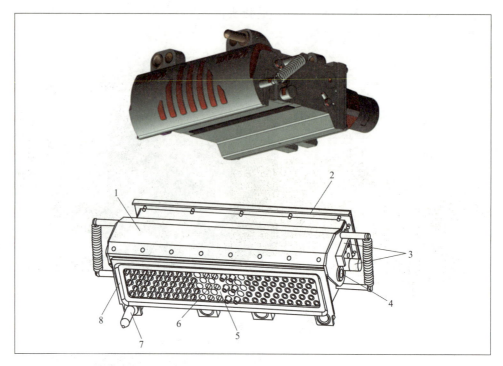

◎ 图 5-10 电气车钩具体结构

1-前封盖；2-后封盖；3-封盖导向元件；4-封盖轴承；5-触头块；6-触头；7-对中销；8-密封框

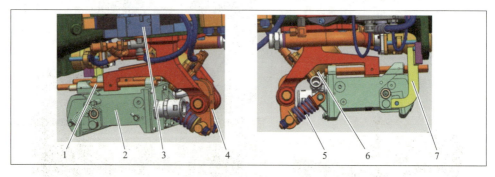

◎ 图 5-11 电气车钩操作装置具体结构

1-导向杆；2-电气钩头；3-二位五通阀；4-操纵杆；5-压缩弹簧；6-气缸；7-封盖控制杆

a) 连挂，电气车钩保护盖打开 b) 连挂，电气车钩保护盖关闭

◎ 图 5-12 电气车钩的两种位置状态

(6) 车钩电气装置。

车钩电气装置的作用是实现车钩的电气控制，并进行车钩的状态监控，全自动

车钩有气控气动车钩与电控气动车钩两种,不同类型的车钩电气装置不同。气控气动车钩的电气装置由 3 个二位五通换向阀、球阀、双向节流阀、管路及接头等组成。电气车钩的伸出与收回主要依靠 3 个二位五通阀进行控制,如图 5-13 所示。电控气动车钩的电气装置主要由中心枢轴处的位置开关(S2)、位于钩舌上的位置开关(S1)、电控二位五通阀、继电器、接线盒(X1)、电缆和紧固件等组成。电气车钩的伸出与收回主要依靠 2 个行程开关及 1 个二位五通阀进行控制,如图 5-14 所示。

◎ 图 5-13　气控气动车钩电气装置　　　　◎ 图 5-14　电控气动车钩电气装置

(7) 橡胶垫钩尾座。

橡胶垫钩尾座包括一个缓冲装置(EFG3)和一个垂向支承及支座(图 5-15)。它的特殊设计能够允许车钩不超过纵向车轴的竖向和横向摆动以及回转运动。橡胶垫钩尾座的设计目的是对限定的牵引力和缓冲力进行缓冲,如果超过了限定的行程,将把牵引力和缓冲力传向车体。

◎ 图 5-15　橡胶垫钩尾座
1-安装支座;2-橡胶缓冲器;3-垂向支承

(8) 对中装置。

对中装置采用机械对中方式,通过螺钉固定在钩尾座轴承座下方。对中装置主要由凸轮板、滚轮和蝶簧组成,如图 5-16 所示。通过对中装置施加规定的弹簧力,将车钩保持在车辆的纵向轴线上,对中装置可对中的角度范围为 ±15°。

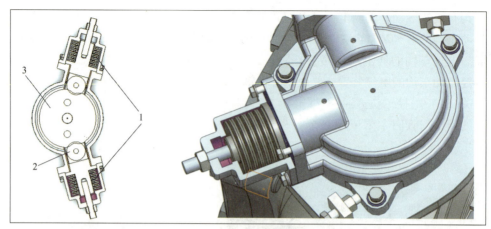

图 5-16 对中装置简图
1-蝶簧；2-滚轮；3-凸轮板

2. 半自动车钩

半自动车钩用于两编组单元之间的车辆连挂。

半自动车钩与全自动车钩类似,机械、气路均与全自动车钩相同,连挂方式和锁闭方式也相同。其不同之处在于,半自动车钩没有电路连接的自动控制装置,电气连挂需用扳手手动实现。同时,有的半自动车钩不设可压溃变形管、过载保护装置等,但安装有四触头电连接器。半自动车钩具体结构如图 5-17 所示。对于半自动车钩的机械部分,本节不再重复,可参考全自动车钩,本节主要介绍半自动车钩电气部件。

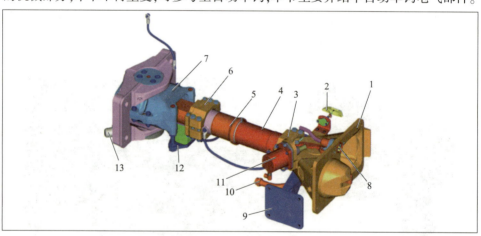

图 5-17 半自动车钩具体结构

1-机械钩头；2-手动解钩杆；3、6-卡环连接器；4-钩杆；5-可压溃变形管；7-橡胶缓冲器；8-四触头电连接器；9-电缆吊架；10-风管连接；11-解钩气缸；12-垂向支承；13-对中装置

> **知识拓展**
>
> 半自动车钩的电气连接方式有两种:一种为采用电气车钩连接,如图 5-18

所示;另一种是采用跨接电缆连接,如图 5-19 所示。这两种结构各有优缺点,电气车钩连接方式具有解钩和连挂方便等优点,但电气车钩价格高;跨接电缆连接方式具有解钩简单、配件价格低等优势,但由于在解钩过程中经常需要插拔电气插头,容易损坏插头并引起故障。目前城市轨道交通半自动车钩普遍采用跨接电缆的连接方式。

◎ 图 5-18　电气车钩连接

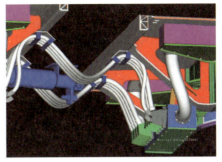
◎ 图 5-19　跨接电缆连接

半自动车钩分为半自动车钩 1 和半自动车钩 2 两种类型。半自动车钩 1 带可压溃变形管及电气连接箱支承架,半自动钩 2 不带这两个部件,如图 5-20 所示。

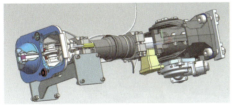
a) 带可压溃变形管及电气连接箱支承架

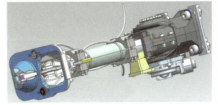
b) 不带可压溃变形管及电气连接箱支承架

◎ 图 5-20　半自动车钩的两种类型

半自动车钩采用四触头电连接器检测车钩状态,安装在钩头上方。当车钩机械钩头连挂好后,相应的四连接器导通,从而为列控系统提供检测信号。四触头电连接器结构和位置如图 5-21 所示。

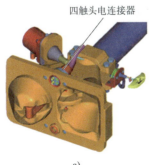
a)

b)

c)

◎ 图 5-21　四触头电连接器结构和位置

3. 半永久牵引杆

半永久牵引杆用于同一编组单元内部车辆间的连接，不具备机械解钩功能，除发生非常情况或车间检修外，该单元车组是不需要分离的。解钩作业需在车辆段内进行，采用易于分解的套筒联轴节相连，因此可保证两车钩密接不松弛地安全连接。其设有气路、电路连挂、缓冲器。半永久牵引杆的连挂和解钩都需要人工操作来完成。

半永久牵引杆有两种类型，分别为带可压溃变形管和不带可压溃变形管，如图 5-22 所示。牵引座通过卡环连接组件连接在一起。组件很容易拆卸，能快速分离车厢，以便于维修。

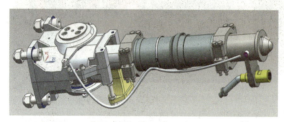
a) A型(带可压溃变形管)

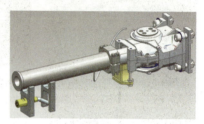
b) B型(不带可压溃变形管)

◎ 图 5-22　半永久牵引杆

半永久牵引杆主要由车钩杆、橡胶缓冲器、可压溃变形管、垂向支承等组成，具体结构如图 5-23 所示。

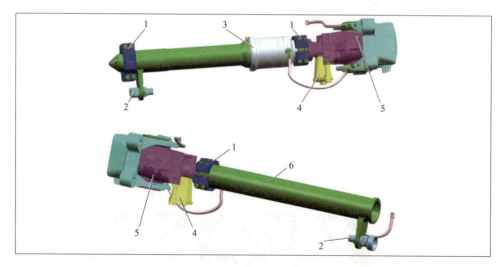

◎ 图 5-23　半永久牵引杆具体结构

1-卡环连接器；2-主风管接头；3-可压溃变形管；4-垂向支承；5-带橡胶缓冲器的钩尾安装座；6-车钩杆

由于半永久牵引杆一般是固定连接，不需要经常进行车辆之间的解编。因此，半永久牵引杆电气部分一般采用跨接电缆连接方式来实现，所有的电气连接部分都是半永久牵引杆的一个组成部分。它通过插在牵引杆电气箱上的一组跨接电缆将两辆车连接在一起。

二、三种类型车钩的特征

1. 全自动车钩的特征

(1)能实现机械、气路、电路自动连挂,连挂的顺序为先机械、气路同步后电路连挂。

(2)可在司机室控制操作解钩按钮,实现自动解钩(图5-24);也可操作车钩旁的手动解钩拉绳(图5-25)进行手动解钩。

图5-24　司机室解钩按钮

图5-25　手动解钩拉绳

(3)具有弹性缓冲器(可复原)、可压溃变形管(不可复原)、过载保护装置(不可复原)等三级吸能装置。

(4)具有对中装置,以实现自动对中,帮助自动连挂。

(5)电路连接采用电气车钩连挂,并配置电气车钩自动控制装置,以实现电气自动连挂。

2. 半自动车钩的特征

(1)能实现机械、气路自动连挂。

(2)设有跨接电缆或电气车钩进行电路连接,但需要手动操作。

(3)既可以实现自动解钩,也可以手动解钩。自动解钩通过C车二位端设置的气动解钩阀(图5-26)来实现;手动解钩通过操作车钩上的手动解钩拉绳(图5-27)来实现,解钩顺序是先断开电路,再机械、气路同时断开。

(4)具有弹性缓冲器(可复原)、可压溃变形管(不可复原)二级吸能装置。

(5)具有对中装置,以实现自动对中,帮助自动连挂。

(6)设有四触头电连接器,连挂后建立电气连接,形成车钩监控回路。

3. 半永久牵引杆的特征

(1)设有气路连挂。

(2)设有跨接电缆进行电路连挂,但需要手动操作。

(3)机械连挂、解钩均为手动操作,机械连挂采用卡环连接。

(4)设有弹性缓冲器(可复原)一级吸能装置。

(5)不设置对中装置。

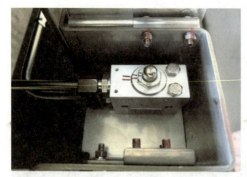
◎ 图5-26 气动解钩阀

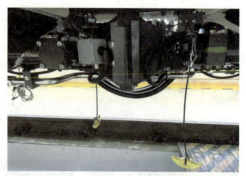
◎ 图5-27 手动解钩拉绳

根据实训车钩的模型,识别车钩各部件,并写出其位置及功能,完成表5-2。

车钩各部件安装位置及功能　　　　　　　　　　表5-2

部件名称	所安装位置			功能
风管连接器	□钩头	□钩身	□钩尾	实现气路连接
	□钩头	□钩身	□钩尾	
	□钩头	□钩身	□钩尾	
	□钩头	□钩身	□钩尾	
	□钩头	□钩身	□钩尾	
	□钩头	□钩身	□钩尾	
	□钩头	□钩身	□钩尾	
	□钩头	□钩身	□钩尾	

单元5.3　缓冲装置

一、车钩能量缓冲装置

车钩能量缓冲装置由车钩和缓冲器组成,其中车钩主要作用是完成机械、气路、电路的连接及控制,而缓冲器的作用是传递与缓冲纵向冲击力。

目前,城市轨道交通车辆车钩的能量吸收装置主要有橡胶缓冲装置、可压溃变形管、过载保护装置等,其中过载保护装置设置在全自动车钩上,是最后一级能量吸收装置,下面分别介绍这几种能量吸收装置的特性。

1. 橡胶缓冲装置

橡胶缓冲装置吸收规定的缓冲和牵引载荷,并把超出吸收范围的部分载荷传递给车辆底架。缓冲器和支承座组合在一起,允许车钩在水平方向和垂直方向摆动以及扭转运动。缓冲器安装于车钩支承座的上方,采用的是两个半环形对接的橡胶环形缓冲件。它属于可复原的能量吸收部件,吸收第一级能量。环形橡胶缓冲器不仅可以缓冲冲击作用力,而且可吸收冲击能量、削弱冲击力,提高车辆运行的平稳性。

橡胶缓冲器主要由牵引杆、橡胶垫等部件组成,具体结构如图 5-28 所示。橡胶缓冲器属于免维护的橡胶缓冲装置,上面装有对中装置,紧固在支承座的上方或下方。橡胶缓冲装置是通过牵引杆运动挤压橡胶垫来缓冲冲击力的,可缓冲吸收两个方向的缓冲能量,最多能吸收 22kJ 能量。

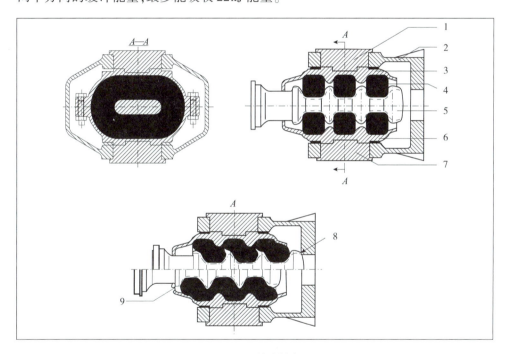

图 5-28 橡胶缓冲器
1、7-轴颈;2-轴承座;3、6-上、下壳;4-橡胶垫;5-牵引杆;8、9-挡块

2. 可压溃变形管

可压溃变形管属于不可复原的能量吸收装置,属于二级能量吸收装置,用于吸收冲击时产生的机械能。可压溃变形管由一个预装载的压溃管和一个冲头组成,具体结构如图 5-29 所示。当车钩所受的冲击力超过橡胶缓冲器的承受力范围时,装在钩身上的可压溃变形管受到挤压而将冲击能转化为变形能,起到保护作用。当吸收冲击力超过可压溃变形管承受的变形力时,有螺母的杆前部分就被推到钩头箱体内,将产生永久变形。这时,必须更换可压溃变形管。可压溃变形管吸收的能量与冲头位移有关,最大可吸收能量为 185kJ。

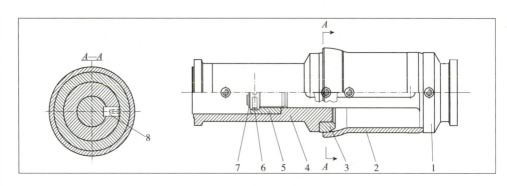

图 5-29 可压溃变形管具体结构

1-冲头；2、5-压溃管；3-锁紧螺母；4-压溃体；6-键；7-保持环；8-锁紧装置

3. 过载保护装置

钩尾冲击座前端与车钩支承座连接，后端与车体底架牵引梁连接，在钩尾座与车体连接中装有过载保护鼓形套筒。过载保护装置的作用是：当冲击力超过一定范围时，起到车钩和车体的过载保护作用，使之免受损失。过载保护装置如图 5-30 所示，当超载保护鼓形套筒撞碎后，将车钩推向后面。单个过载保护鼓形套筒最多能吸收 8250J 能量，全自动车钩有 4 个鼓形套筒，最多吸收能量 33kJ。

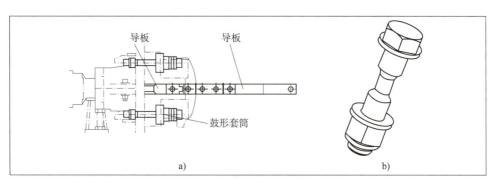

图 5-30 过载保护装置

二、车钩机械能量吸收

车钩系统吸收车体的机械能，设有四级能量吸收装置。

第一级：冲击速度低于 8km/h，由可复原的能量吸收装置（橡胶缓冲器）吸收。

第二级：冲击速度在 8~15km/h 范围内，由橡胶缓冲器和可压溃变形管共同吸收。

第三级：冲击速度大于 15km/h，由橡胶缓冲装置 + 可压溃变形管 + 过载保护装置共同吸收。

第四级：若前三级无法吸收所有冲击能量，则司机室的底架及边梁成为能量散耗区，可最大限度地保护客室和乘客的安全。

一旦发生撞车事故，当冲击速度大于 15km/h 时，可压溃变形管产生永久变形后必须立即更换;同时要立即检查车体、转向架、通道、设备箱及支承,必须对车辆,尤其是电气连接进行全面检查。

单元5.4 贯通道装置

贯通道装置也就是风挡装置,位于两节车厢的连接处,是两车厢通道连接的部分,它具有良好的防雨、防风、防尘、隔音、隔热等功能,能够使乘客安全地穿行于车厢之间。贯通道装置实物图如图 5-31 所示。贯通道装置分为整体式和分体式两种。深圳地铁采用的是分体式贯通道装置,即贯通道装置的一半装在每辆车的端部。在贯通道装置的下部还设有分开式渡板。渡板连接处由车钩支承。上海地铁 1 号线、2 号线,广州地铁 1 号线均选用这种贯通道装置,其内部高度为 1900mm、宽度为 1500mm。

图 5-31 贯通道装置实物图

一、贯通道功能

六节编组列车贯通道配置如图 5-32 所示,每列车共 5 套。
贯通道主要功能如下:
(1)为相邻两节车厢之间的乘客提供站立、通过的空间。
(2)可以降低外部噪声,减少热量传递。
(3)作为整列车内的可变形区域,为列车通过曲线时提供可恢复的变形能力。

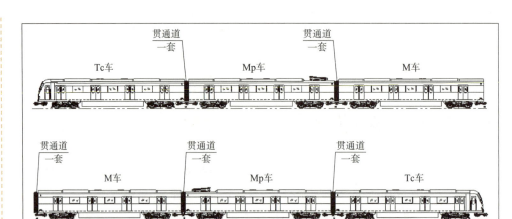

◎ 图5-32　六节编组列车贯通道配置

二、贯通道结构

贯通道主要由顶护板、侧护板、踏板、渡板等部分组成,如图5-33所示。

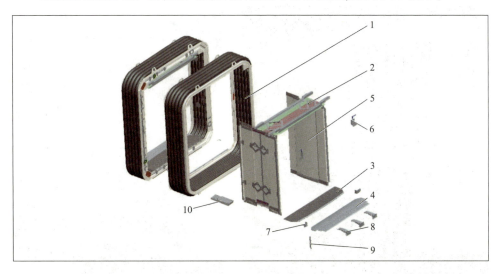

◎ 图5-33　贯通道结构

1-外风挡;2-顶护板;3-渡板;4-踏板;5-侧护板;6-上护板安装座;7-下踏板支承;8-支承装置;9-接地线;10-车钩磨耗板

每套贯通道主要零部件及数量如图5-34所示。

1. 贯通道顶护板

贯通道顶护板(图5-35)由边顶护板、中间顶护板、连杆机构组成。边顶护板分别安装在车体两端,适应车辆正常运行条件下贯通道的各种运动。

2. 贯通道侧护板

贯通道侧护板(图5-36)包括一块中间护板、两块边护板,它们之间通过运动件(连杆)连接,并能适应车辆正常运行条件下贯通的各种运动。

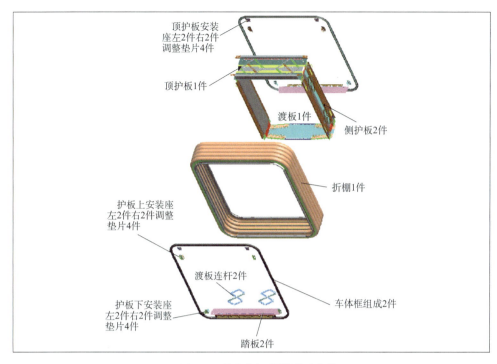

图 5-34 贯通道主要零部件及数量

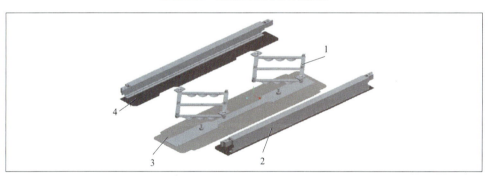

图 5-35 贯通道顶护板组成
1-顶护板连杆；2、4-边顶护板；3-中间顶护板

3. 渡板连杆

渡板连杆（图 5-37）安装在踏板支承座上。

4. 贯通道渡板

贯通道渡板（图 5-38）通过中间销孔与渡板连杆运动保持协调，通过锁闭装置确保车辆运营中处于锁闭状态。

5. 贯通道折棚组成及车体框

贯通道折棚由折棚棚布、面料框、端框等组成，如图 5-39 所示。车体框通过螺钉固定在车体两端。贯通道折棚与锁闭端框通过锁闭点进行锁闭，完成两车之间的折棚连接。

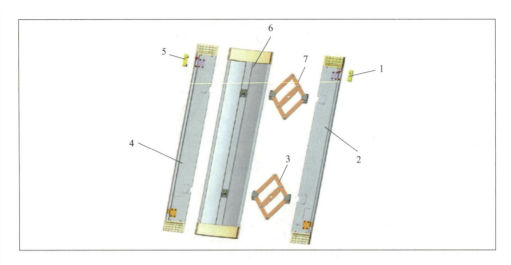

◎ 图 5-36　贯通道侧护板组成

1-安装架组成；2、4-侧护板边护板；3-侧护板连杆；5-安装架组成；6-侧护板中间护板；7-侧护板连杆

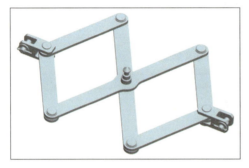

◎ 图 5-37　贯通道渡板连杆

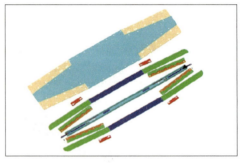

◎ 图 5-38　贯通道渡板组成

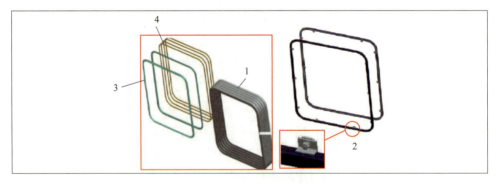

◎ 图 5-39　贯通道折棚组成

1-折棚棚布；2-锁闭点；3-折棚端框；4-折棚面料框

6. 踏板

踏板由踏板前页、踏板支承组成，如图 5-40 所示。踏板支承安装在车体端墙上，踏板前页安装在踏板支承上。踏板前页上表面为光滑面，供渡板在其上面滑动。

◎ 图 5-40　踏板组成

复习思考题

一、选择题

1.（　　）的机械、气路和电路的连接与解钩都需要人工操作,但一般只有在架修以上的作业时才进行分解。

　　A. 半自动车钩　　　　　　　　B. 自动车钩
　　C. 半永久性牵引杆　　　　　　D. 半永久性牵引杆和半自动车钩

2. 半永久性牵引杆用于(　　)之间的编组,使编组实现连接。

　　A. 列车单元　　　　　　　　　B. 同一单元内车辆
　　C. 不同单元车辆　　　　　　　D. 列车单元同另一单元内的任一车辆

3. 半永久牵引杆只是将两车车钩连接改为牵引杆连接,取消了风路和电路的连接。车辆之间的风路和电路可以(　　)连接。

　　A. 自动或手动　　B. 手动　　　C. 自动　　　　D. 不需要

4. 电气箱内的触点为(　　),保证电气连接时密接可靠,主要应用于自动车钩。

　　A. 固定和弹性　　B. 固定或弹性　　C. 固定　　　　D. 弹性

5. 全自动车钩一般用于连挂(　　)。

　　A. 司机室端部　　　　　　　　B. 同一单元内部连接
　　C. 不同单元连接　　　　　　　D. 列车中部

6. 车钩缓冲装置的一级能量吸收装置是(　　)。

　　A. 可压溃变形管　　B. 橡胶缓冲器　　C. 过载保护装置　　D. 能量耗散区

二、判断题

1. 密接式车钩不允许两相连车钩钩体在垂直方向上有相对位移,且对前后间隙要求在很小的范围之内。　　　　　　　　　　　　　　　　　　　　(　　)

2. 车辆连接装置包括车钩缓冲装置和贯通道装置,它们能使列车中的车辆相互连接,实现相邻车辆横向力的传递和通道的连接。　　　　　　　　　　(　　)

3. 非密接式车钩不允许两个相连的车钩钩体在垂直方向上有相对位移;密接式车钩允许两相连车钩钩体在垂直方向上有相对位移。　　　　　　　　(　　)

4. 半自动车钩可以实现机械、气路和电路的完全自动连挂和解钩,或者人工解钩。( )

5. 橡胶缓冲器可作为车钩缓冲装置的重要部件,用来吸收车辆冲击能量。当两列车相撞时,将会产生不可恢复的变形。( )

6. 贯通道装置也就是风挡装置,位于两节车厢的连接处,是两车辆通道连接的部分。( )

三、简答题

1. 车钩缓冲装置主要有哪些组成部分?各有什么作用?
2. 车钩有哪些类型?各自有什么特点?
3. 简述贯通道的作用与结构。

项目 6
制动与供风系统

内容概述

制动系统是实现城市轨道交通车辆高速与重载、确保安全的核心系统,根据指令传输方式的不同,城市轨道交通车辆制动系统有数字式和模拟式之分;根据电-空制动系统的不同,列车制动系统有电-空直通式和电-空自动式之分。目前,我国城市轨道交通车辆大多数采用模拟电-空直通式制动系统和数字式电-空直通式制动系统。电-空直通式制动系统是建立在直通式空气制动机基础上的制动系统,具有结构简单、反应灵敏、控制精确和安全可靠等特点。电-空直通式控制系统主要由制动指令及传输系统、制动控制装置、基础制动装置、制动供风装置和列车控制与监控系统(TCMS)等组成。制动与供风系统的组成如图6-1所示。

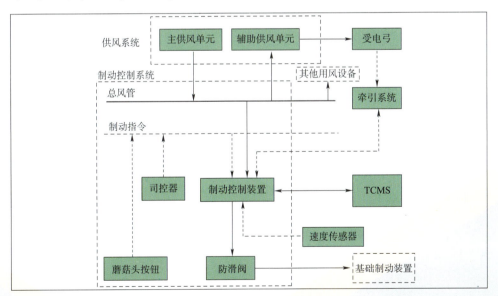

图 6-1 制动与供风系统的组成

知识目标

1. 掌握城市轨道交通车辆制动的发展历史和制动相关的概念；
2. 掌握城市轨道交通车辆制动系统的作用、特点、制动的类型；
3. 掌握城市轨道交通车辆制动系统的组成；
4. 掌握城市轨道交通车辆供风系统的组成及控制；
5. 掌握基础制动装置的类型及结构；
6. 掌握城市轨道交通车辆的制动系统。

能力目标

1. 能识别城市轨道交通车辆制动系统的设备；
2. 能在列车上找到供风系统的气源回路；
3. 能识别不同类型的基础制动装置并识别其结构。

素质目标

1. 了解制动在城市轨道交通车辆中的作用，树立安全意识；
2. 培养主动学习新知识和新工艺的工作习惯；
3. 了解制动系统的国产化之路，增强对城市轨道交通行业的自豪感和认同感。

建议学时

8 学时。

单元6.1　制动系统的基本概念、特点和类型

一、制动系统的基本概念

1. 制动和缓解

（1）制动。制动是指人为地施加外力，使列车减速、停车、阻止其加速及保持静止的过程。从能量变化的角度理解，制动过程是一个能量转移的过程，是将列车运行所具有的动能人为控制转变成其他形式能量的过程。

（2）缓解。对于已经实施制动的列车，解除或减弱其制动作用，均可称为缓解。对于运动着的列车，根据需要施加给列车一个一定大小、与其运动方向相反的外力，以使其减速或停车，即实施制动。列车制动停车后启动加速前或运行途中限速制动后加速前，均要解除制动作用，即实施缓解。

2. 制动机

制动机是指产生制动原动力并进行操纵和控制的部分设备。

3. 制动力

制动力是由制动装置产生的与列车运动方向相反的外力。对城市轨道交通车辆而言，制动力是制动时由制动装置产生作用后引起的钢轨施加于车轮的、与列车运行方向相反的力。

4. 制动距离

制动距离是指从司机实施制动（将制动手柄移至制动位）的瞬间起，到列车速度降为零的瞬间止，列车所行驶的距离，是综合反映列车制动装置性能和实际制动效果的主要技术指标。

各个地铁运营企业对列车紧急制动距离都有规定。例如，上海地铁规定：城市轨道交通列车在 AW3 的条件下，在任何运行初速度下，其紧急制动距离不得超过180m。广州地铁规定的紧急制动距离见表6-1。

广州地铁规定的紧急制动距离　　　　　　表6-1

初速度（km/h）	常用制动距离（m）	紧急制动距离（m）
80	234	200
60	136	118
40	65	56

二、制动系统的特点

（1）城市轨道交通的站距很短，一般都在1km左右。例如，广州地铁1号线从

西朗到广州东站,全长 18.48km,设有 16 个车站,平均站距 1.23km。由于站距短,列车加速、减速及停车都比较频繁。为了提高运行速度、增加列车密度,必须使列车启动快、制动快、制动距离短。这就要求其制动装置具有操纵灵活、动作迅速、停车平稳准确、制动率及制动功率相对较大等特点。

(2)城市轨道交通的客流量波动大,空载时列车质量仅为自重,而满载时列车质量却很大。例如,广州地铁的每辆动车空车质量为 380kN,而满载(超员,载客 432 人)时总重为 639.2kN。因此,载客量对列车的质量有较大的影响,对列车制动时保证一定的列车减速度、防止车轮滑行及减轻车辆间纵向冲动都是不利的。因此,制动装置应具备在各种载荷工况下车辆制动力自动调整的性能,使车辆制动率基本不变,从而实现制动的准确性和停车的平稳性。

(3)城市轨道交通的动车车辆上具有独立的牵引电动机,这就为采用电制动提供了基本条件。电制动的功率大,尤其是在较高速度范围内,能承担大部分的制动负载,可以满足城市轨道交通车辆轴制动功率大的要求;电制动是非摩擦制动,没有摩擦副零件的磨耗和噪声,减少了维护工作和对环境的污染,因而比较经济;其再生制动可以节约能源,具有一定的经济和社会效益。所以,采用电制动具有积极的意义。但电制动在低速时制动力小,而且既要保证电制动失效和紧急情况下的行车安全,又要满足停车和停放的要求,所以摩擦制动是一种必备的制动方式。在几种制动方式同时安装和使用时,要充分发挥它们的最佳作用,需要一套完善的制动控制装置来控制,使它们协调配合。

三、制动类型

制动按照制动时列车动能的转移方式不同可分为摩擦制动和动力制动。

1. 摩擦制动

摩擦制动通过摩擦副的摩擦将列车的运动动能转变为热能,逸散到大气中,从而产生制动作用。城市轨道交通车辆常用的摩擦制动方式主要有闸瓦制动、盘形制动和轨道电磁制动三种。

(1)闸瓦制动,又称为踏面制动,它是最常用的一种制动方式,其工作原理如图 6-2 所示。制动时,闸瓦压紧车轮,轮、瓦间发生摩擦,将列车的运动动能通过轮、瓦间的摩擦转变为热能,逸散到大气中。城市轨道交通车辆普遍采用单元气缸式闸瓦制动,如图 6-3 所示。

在闸瓦与车轮这一对摩擦副中,由于车轮主要承担着车辆走行功能,因此其材料不能随意改变。要改善闸瓦制动的性能,只能通过改变闸瓦材料的方法,早期的闸瓦材料主要是铸铁。为了改善摩擦性能和增强耐磨性,目前城市轨道交通车辆大多采用合成闸瓦,但合成闸瓦的导热性较差,因此也有采用导热性能良好且具有较好的摩擦性能的粉末冶金闸瓦的。

(2)盘形制动。制动通常分为轴盘式和轮盘式两种。通常采用轴盘式制动,当轮对中间由于牵引电动机等设备使制动盘安装发生困难时,可采用轮盘式制动。

制动时,制动缸通过制动夹钳使闸片夹紧制动盘,闸片与制动盘产生摩擦,将列车的动能转变为热能,热能通过制动盘与闸片散逸到大气中。

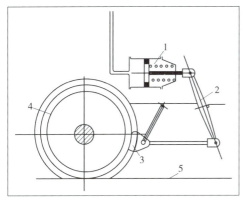

◎ 图6-2 闸瓦制动工作原理

1-制动缸;2-制动杠杆;3-闸瓦;4-车轮;5-钢轨

◎ 图6-3 单元气缸式闸瓦制动

盘形制动(图6-4)方式能选择高性能的摩擦副材料和良好的散热结构,可以获得比闸瓦制动大得多的制动功率。

a) 闸瓦制动

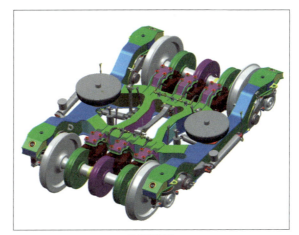

b) 盘形制动

◎ 图6-4 闸瓦制动与盘形制动

(3)轨道电磁制动,也叫磁制动,如图6-5所示。在转向架构架侧梁下通过升降气缸安装有电磁铁,电磁铁下设有磨耗板。制动时,将电磁铁放下,磨耗板与钢轨吸住,列车的动能通过磨耗板与钢轨的摩擦转化为热能,散逸到大气中。轨道电磁制动能得到较大的制动力,因此常被用作紧急制动时的一种补充制动手段。

2. 动力制动

动力制动也称电制动,列车制动时,利用电动机的可逆性原理,把牵引电动机的电动机工况转变为发电机工况,将惰行的列车动能转换为电能,再通过反馈给牵引供电接触网或消耗在电阻器上这两种方式将能量转移出去。

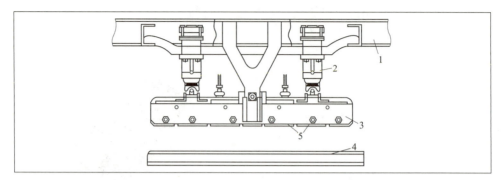

◎ 图 6-5　轨道电磁制动

1-转向架构架侧梁;2-升降气缸;3-电磁铁;4-钢轨;5-磨耗板

通过转换电路和受电弓将电能反馈给牵引供电接触网,为本车或同一电网中相邻运行的列车提供的电源方式,即为再生制动。

若反馈电能无法消耗利用,电能只能通过列车上的电阻器发热消耗,采用强迫通风,转变为热能散失到大气中去,这种制动方式就是电阻制动,又称能耗制动。

四、制动模式

根据运行的要求,城市轨道交通车辆制动系统有常用制动、紧急制动、快速制动、保压制动和弹簧停放制动等几种模式。

1. 常用制动

常用制动是正常运行情况下为调节、控制列车速度或对标停车所实施的制动方式,是制动系统最常用的一种制动模式,其特点是制动比较缓和,制动力可以连续调节,制动过程中能够根据车辆载荷自动调整制动力,当常用制动力最大时即常用全制动。

2. 紧急制动

紧急制动是在紧急情况下为使列车尽快停止而施加的一种制动方式,制动力可达列车制动能力的 100%。紧急制动的特点是:作用比较迅速,采用纯空气制动且停车前不可缓解。列车的紧急制动是失电紧急制动的系统,贯穿全车 DC 110V 紧急制动列车安全回路导线。控制紧急制动电磁阀得电时,紧急制动环节,此列车的安全回路导线任何地方断开都将导致全列车紧急制动。紧急制动时考虑脱弓、断钩、断电等故障情况,因此只采用空气制动,而且停车前不可缓解。

3. 快速制动

快速制动也是紧急情况下为了使列车尽快停车而施加的一种制动方式,通过将司机控制器主手柄移至"快速制动"位置产生的制动,也可达到列车制动能力的 100%。快速制动的制动力高于常用全制动(上海地铁、广州地铁快速制动力高于常用全制动 22%),这种制动方式是在制动距离不足等情况下,制动系统各部分作用均正常时所采取的一种制动方式。其特点是:与常用制动相同,制动过程可以施行缓解;受冲击率极限的限制,司机控制器主手柄回 0 位;制动过程具有防滑保护和载荷修正功能。

4. 保压制动

保压制动又称停车制动、保持制动,是常用制动的一项辅助功能,无须人工操作,用于列车平稳停车或列车进站时的制动。保压制动是当列车低速运行接近停车时,为防止车辆在停车前的冲动,由 EBCU 按照有关外部指令信息执行的制动。第一阶段:当列车制动到速度 6km/h 时,列车计算机 VCU 触发保压制动信号,同时输出给 ECU,这时,由 DCU 控制的电制动逐步退出,而由 EBCU 控制的气制动来替代;第二阶段:接近停车时(列车速度 0.5km/h),EBCU 激活保压制动,瞬时将制动缸压力调整到停车制动所需要的压力。如果由于故障,EBCU 未接收到保压制动触发信号,EBCU 内部程序将在 6km/h 的速度时自行触发。

5. 弹簧停放制动

为防止车辆在线路停放过程中发生溜逸,城市轨道交通车辆应设置停放制动装置。弹簧停放制动通常是将弹簧停放制动器的弹簧压力通过闸瓦作用于车轮踏面来形成制动力。正常情况下,弹簧力的大小不随时间而变化,由此获得的制动力能满足列车较长时间断电停放的要求。当弹簧停放制动的缓解气缸充气时,停放制动缓解;当弹簧停放制动的缓解气缸排气时,停放制动施加。弹簧停放制动还附有手动缓解功能。

做一做

连线:观察学校的实训设备,请将图 6-6 的指示灯图标、名称和点亮条件用线连起来。

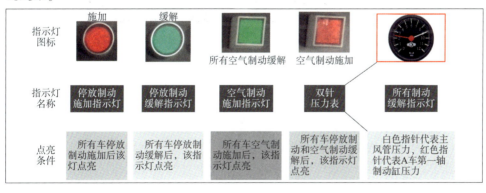

◎ 图 6-6　指示灯及点亮条件

知识拓展

某车辆 HMI 显示屏有关制动图标如图 6-7 所示,其含义见表 6-2。

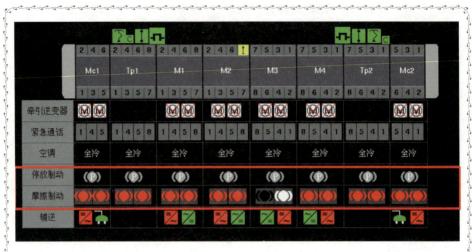

◎ 图 6-7　HMI 显示的制动图标

HMI 显示的制动图标含义　　　　　表 6-2

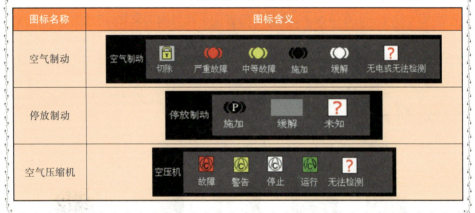

五、城市轨道交通车辆制动系统应具备的条件

(1) 操纵灵活，制动减速度大，作用灵敏可靠，列车前后车辆的制动、缓解一致。

(2) 具有足够的制动能力，能保证列车在规定的制动距离内停车。

(3) 对于新型的城市轨道交通车辆，一般要求具有电制动功能，并且在正常制动过程中，应尽可能充分发挥电制动功能，以减少对城市环境的污染，降低噪声以及运行成本，同时应具有动力制动与摩擦制动协调配合的制动功能。

(4) 制动系统应保证列车在下长大坡道制动时，其制动力不会衰减。

(5) 电动列车各车辆的制动能力应尽可能一致，制动系统应根据乘客量的变化，具有空重车调整能力，以及减少制动协调配合的制动功能。

(6) 具有紧急制动功能。遇到紧急情况时，能使列车在规定距离内安全停车，紧急制动除由司机操作外，必要时还可由行车人员利用紧急按钮进行操作。

(7) 城市轨道交通列车在运行中发生列车分离、降弓、断电、制动系统故障等危及行车安全的事故时,能自动触发紧急制动。

单元6.2 供风系统

城市轨道交通车辆采用电动车组,以单元进行编组,所以其供风系统也是以编组单元来供气的。每一单元设置一套风源系统,安装在每个编组单元的 C 车车底,相邻车辆的主风管通过截断塞门和软管相连。

一、空气制动系统的组成

空气制动系统采用微处理器控制的单管摩擦制动系统。简单地说,电子模拟控制制动就是变量输入计算机—微机控制电磁阀—电磁阀控制气路—实现直通充风制动或缓解。

空气制动系统作为列车控制系统的一个整体部件进行设计,包括供风设备、制动控制设备、转向架上安装的制动设备、微处理器控制的车轮防滑保护装置、箱体通风装置、空气悬挂设备、汽笛及操作按钮、受电弓驱动设备和车钩操作设备。图 6-8 为某车辆空气制动系统总的系统布置示意图。

```
拖车A        动车B        动车C        动车C        动车B        拖车A
```

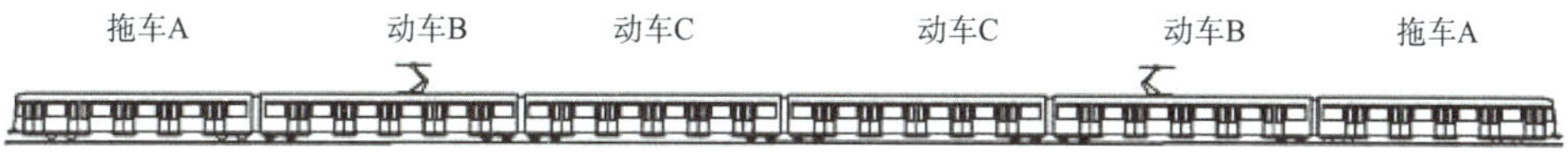

A—供风设备   动车C
B—制动控制设备   拖车A、动车B、C   L—空气悬挂设备   拖车A、动车B、C
C—转向架上安装的制动设备   拖车A、动车B、C   P—汽笛及操作按钮   拖车A
G—微处理器控制的车轮防滑保护装置 拖车A、动车B、C   U—受电弓驱动设备   动车C
K—箱体通风装置   动车B、C车   W—车钩操作设备   拖车A、动车B、C

图 6-8 某车辆空气制动系统总的系统布置示意图

由图 6-8 可知,受电弓驱动设备 C 组和供风设备 A 组安装在动车 C 车上,汽笛及操作按钮安装在带有司机室的 A 车上,箱体通风装置在 B 车和 C 车上,仅用于车底电气柜的散热。

二、供风和制动系统的工作原理

供风系统整合成供风模块安装在 C 车上,向主风缸供风并通过主风管等设备与其他车相连。供风和制动系统工作原理示意图如图 6-9 所示。EBCU 和 BCU 控制整个制动系统,EBCU 接收到制动请求、电制动反馈、载荷压力等电信号,通过调试计算得出制动力值,然后传送信号给 BCU,BCU 把电信号转换成压力信号。

三、供风的工作条件

供风和制动系统分为三级供风:

第一级,无条件地给制动系统供风,以确保列车随时能够施加制动,从而保证运营的安全。

第二级,只有主风管(MRE)压力大于6.5bar时,才能给空气悬挂系统供风。

第三级,只有主风管(MRE)压力大于7.5bar时,才能给箱体供风。

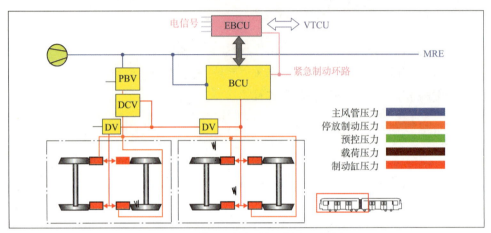

图6-9 供风和制动系统工作原理示意图

-供风系统;EBCU-电子制动控制单元;BCU-制动控制单元;PBV-停放制动脉冲阀;DCV-双向阀;DV-防滑阀

四、供风系统气路概述

供风系统主要由空气压缩机组、空气干燥器、二次冷却器、气缸、压力传感器、压力控制器、安全阀等空气管路辅助元件组成,如图6-10所示。它们形成一个供风模块,每个单元有一个供风模块,它安装在C车底架上,并通过主风管等设备与其他车相连,向各个用风系统供风。主风管和主风缸的压力由压力传感器、压力开关来监控。

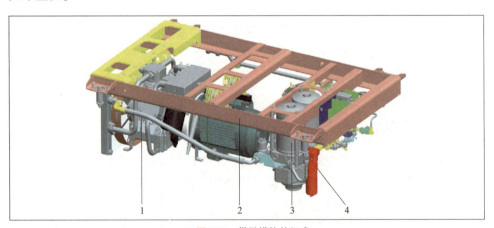

图6-10 供风模块的组成

1-空气压缩机;2-构架;3-空气干燥器;4-微孔滤油器

供风系统制造的压缩空气为用风设备的驱动提供动力,而压缩空气的净化和干燥处理是不可或缺的,其目的是除去压缩空气中所含有的灰尘、杂质、油滴和水分等,保证制动系统及其他用风设备长时间可靠地工作。供风系统气路示意图如图 6-11 所示。

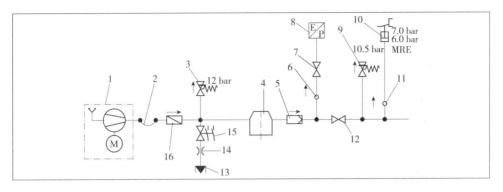

◎ 图 6-11　供风系统气路示意图

1-压缩机组;2-软管;3、9-安全阀;4-干燥器;5-滤油器;6、11-测试接点;7、12-截断塞门;8-压力传感器;10-压力控制器;13-外接供气接头;14-节流孔;15-电气开关截断塞门;16-单向阀

五、供风系统主要部件

1. 空气压缩机

空气压缩机是用来制造压缩空气的装置,有活塞式空气压缩机和螺杆式空气压缩机两种。城市轨道交通车辆采用的空气压缩机要求具有噪声低、振动小、结构紧凑、维护方便、环境实用性强的特点。主压缩机组外形如图 6-12 所示。

◎ 图 6-12　主压缩机组外形

(1)空气压缩机的工作原理。

城市轨道交通车辆很多采用 VV120 型活塞式空气压缩机,由 380V、50Hz 三相交流电动机驱动,具有结构紧凑和维护量少的特点,由固定机构、运动机构、进排气机构、中间冷却装置和润滑装置等几部分组成。其中,固定机构包括机体、气缸、气缸盖,运动机构包括曲轴、连杆、活塞,进排气机构包括空气滤清器、气阀,中间冷却装置包括中间冷却器、冷却风扇,润滑装置包括润滑油泵、润滑油路等,如图 6-13 所示。

城市轨道交通车辆螺杆式压缩机工作原理

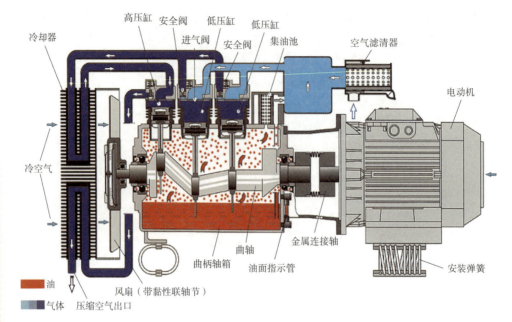

◎ 图 6-13 活塞式空气压缩机组工作示意图

空气压缩机的工作原理：通过空气滤清器的气流在两个低压缸中压缩，经过中间冷却器冷却。留在中间冷却器的预压缩空气被送到高压缸进行最后的压缩，然后冷却器把压缩空气冷却到空气干燥器能接受的温度水平。VV120 型活塞式空气压缩机组原理示意图如图 6-14 所示。

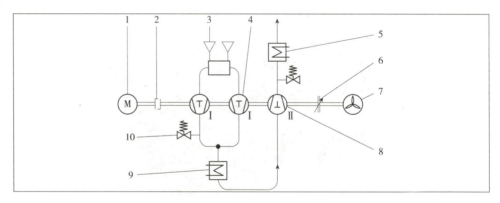

◎ 图 6-14 VV120 型活塞式空气压缩机组原理示意图

1-电动机；2-联轴节；3-空气滤清器；4-低压气缸；5-后冷却器；6-黏性联轴节；7-冷却风扇；8-高压气缸；9-中间冷却器；10-安全阀

活塞式空气压缩机的特点是应用广泛、技术成熟，可靠性和稳定性好，无须特殊润滑，性价比高。

（2）空气压缩机的控制。

城市轨道交通车辆空气压缩机的控制主要有网络控制和硬线控制两种方式。

①网络控制。BCU 将总风压力通过网络发送给 TCMS，TCMS 根据日期进行两台

空气压缩机的主从控制,且当总风压力降低到750kPa时,驱动主空气压缩机工作;当总风压力达到900kPa时,主空气压缩机停止工作;当总风压力低于720kPa时,TCMS驱动两台空气压缩机同时工作。

②硬线控制。列车的两个压力开关(700~900kPa)只要有一个压力开关检测到压力低于700kPa,则该压力开关动作,通过列车线驱动两台空气压缩机启动继电器,两台空气压缩机工作;当总风压力达到900kPa时,压力开关复位,两台空气压缩机停止工作。当主风管压力低于600kPa时,如果列车正在运行,则报警并可运行到下一站后封锁牵引阻止列车的运行;如果列车静止,主风管空气压力低于600kPa,则牵引封锁立即作用,阻止列车运行。当主风管空气压力低于550kPa时,列车立即实施紧急制动。若主风管压力大于700kPa,列车牵引封锁解除。

此外,列车一台空气压缩机故障,则由另外一台空气压缩机代替其工作。

2. 空气干燥器

空气压缩机输出的压缩空气含有较多的水分、油分和机械杂质等,必须经过空气干燥器将其中的水分、油分和机械杂质除去,才能达到车辆上用风设备对压缩空气的要求。液态的水、油微粒及机械杂质在滤清器(或油水分离器)中基本被除去,降低压缩空气的相对湿度(通常相对湿度在35%以下)是避免用风过程中出现冷凝水危害的主要方式。

空气干燥器一般都是塔式的,有单塔式和双塔式两种。城市轨道交通车辆大量采用双塔式空气干燥器,本教材主要以双塔式(也称双筒式)空气干燥器为例加以说明。

双塔式空气干燥器如图6-15所示。双塔式干燥器由干燥筒、干燥器座、双活塞阀,电磁阀四个主要部分组成。两个干燥筒除了装有干燥空气用的吸附剂外,其下部均装有油水分离器。干燥器座上设有再生节流孔、两个单向阀、一个旁通阀和一个预控制阀。电磁阀和电子循环控制器相配合,控制干燥器的干燥和再生循环。另外,每一个干燥筒还有一个压力指示器,用以显示干燥筒的工作状态。压力指示器显示红针为干燥工况;相反,红针复位则为再生工况。进气口 P_1 可选择为前面或右侧,排气口 P_2 可选择为左侧或右侧。

3. 滤油器

滤油器的作用是吸附压缩空气中的油分。空气压缩机耗油量与压缩机型号、油的特征和运行条件有高度联系,因此并不恒定。在高温运行条件下,高达50%的压缩机油耗经过干燥器。这些油几乎都被滤油器(图6-16)吸收。因此,必须定期排出滤油器中的油并定期更换滤筒。

4. 风缸

风缸是一种高压容器,其实物图如图6-17所示。风缸用于储存压缩空气,它用钢板制成,具有很强的耐压性。按照功能的不同,风缸分为主风缸、制动风缸、总风缸、空气悬挂系统风缸等类型。在城市轨道交通车辆上,通常将主风缸、制动风缸与制动辅助控制气路箱集成在一个框架内,形成制动控制模块,如图6-18所示。

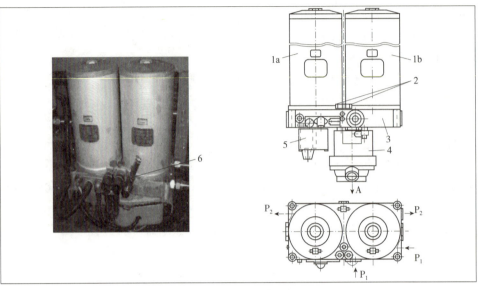

◎ 图 6-15 双塔式空气干燥器

1a、1b-干燥筒；2-压力指示器；3-干燥器座；4-双活塞阀；5-电磁阀；6-安全阀；A-排泄口；P_1-进气口；P_2-排气口

◎ 图 6-16 滤油器

◎ 图 6-17 风缸实物图

5. 截断塞门

截断塞门（图 6-19）安装在制动支管上，当列车中的车辆因特殊情况或列车检修作业需要停止车辆空气制动系统时，关闭该车的截断塞门，切断车辆制动机与制动主管的压缩空气通路，同时排出副风缸和制动缸的压缩空气，使制动机缓解，以便于检修人员安全操作。

◎ 图 6-18 风缸　　　　　　　　◎ 图 6-19 截断塞门

单元6.3　基础制动装置

空气制动系统中的制动执行装置称为基础制动装置,所有空气制动力均是通过基础制动装置产生的。根据制动方式的不同,基础制动装置主要有闸瓦制动装置和盘形制动装置两种形式。城市轨道交通车辆闸瓦制动装置普遍采用单元制动器,盘形制动装置为盘形制动单元。基础制动装置的用途是把作用在制动缸活塞上的压缩空气的推力扩大适当倍数后,再平均传到闸瓦或闸片上,使闸瓦压紧车轮,或使闸片压紧。

一、闸瓦制动装置

城市轨道交通车辆采用的闸瓦单元制动缸有两种：带停放制动器单元的制动缸和不带停放制动器单元的制动缸。克诺尔制动机的两种单元制动缸是不带停放制动器的PC7Y型和带停放制动器(也称弹簧制动器)的PC7YF型。

1. 单元制动器的组成

(1) 不带停放制动器PC7Y型单元制动缸(图6-20)由制动缸体、传动杠杆、缓解弹簧、制动缸活塞、扭簧、闸瓦、闸瓦间隙自动调整器等组成,并带有手制动杠杆及其安装枢轴。

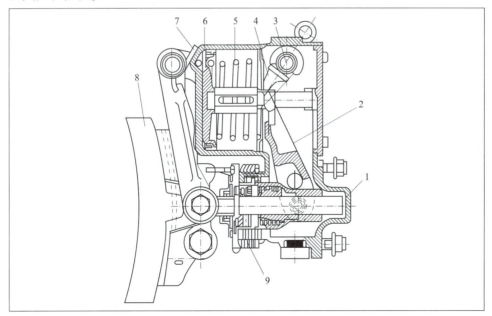

图6-20　PC7Y型单元制动缸

1-制动缸体;2-传动杠杆;3-安装在制动缸体上的枢轴;4-手制动杠杆;5-缓解弹簧;6-制动缸活塞;7-扭簧;8-闸瓦;9-闸瓦间隙自动调整器

(2)带停放制动器的 PC7YF 型单元制动缸(图6-21)是在 PC7Y 型单元制动缸的基础上增加了一个用于停车制动的弹簧制动器,包括缓解气缸、缓解活塞、活塞杆、螺纹套筒、停放制动弹簧、缓解拉簧、停放制动杠杆等。

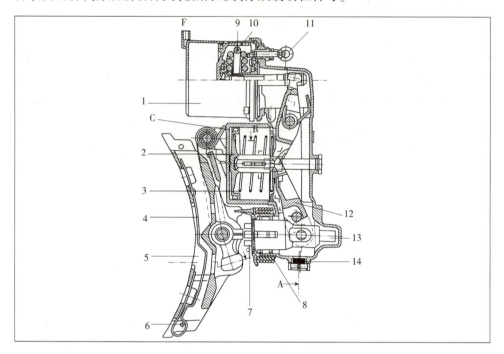

图6-21　PC7YF 型单元制动缸

1-闸瓦托吊;2-闸瓦间隙自动调整器;3-制动杠杆;4-活塞杆;5-停放制动杠杆;6-活塞杆;7-缓解拉簧;8-螺纹套筒;9-停放制动弹簧;10-缓解活塞;11-缓解气缸;12-吊销;13-闸瓦托;14-制动活塞

单元制动缸安装于转向架横梁组成的整体的下方,带停放制动器的 PC7YF 型单元制动缸安装在每个转向架上,处于对角线的两个车轮一侧,而另一对角线的两个车轮一侧安装不带停放制动的单元制动缸(PC7Y 型)。

2.单元制动器的工作原理

当列车制动时,制动缸充气,在压力空气的作用下,制动缸活塞压缩缓解弹簧右移,活塞杆推动制动杠杆,而杠杆的另一端则带动闸瓦间隙自动调整器向车轮方向推动闸瓦托及闸瓦,使闸瓦紧贴车轮。

缓解时,制动缸排气,这时闸瓦及闸瓦托所受到的推力被撤除,在制动缸缓解弹簧及闸瓦托吊杆上端头的扭簧的反弹力作用下,闸瓦及活塞等机构复位。

二、盘形制动装置

盘形制动装置具有结构紧凑、制动效率高、能有效地缩短制动距离、减轻踏面磨耗及检修工作量小等优点,在新型城市轨道交通车辆上得到了广泛的应用。盘形制动装置主要由制动盘、合成闸片、盘形制动单元和杠杆等部件组成。国内市域快线列车采用的盘形制动装置如图6-22 所示。

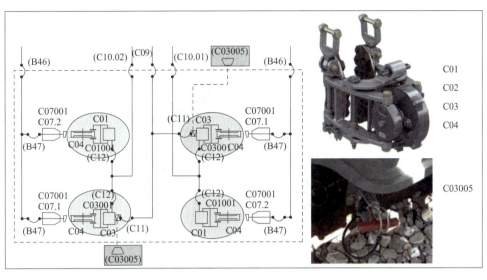

◎ 图 6-22 国内市域快线列车采用的盘形制动装置

制动盘按照安装方式的不同,可分为轴盘式和轮盘式两种。轴盘式的制动盘压装在车轴内侧,如图 6-23 所示。轮盘式制动盘根据车辆的空间安装在车轮的两侧或一侧,如图 6-24 所示。动车和机车的轮对因车轴上装有牵引电动机和齿轮箱,制动盘一般只能安装在车轮上。

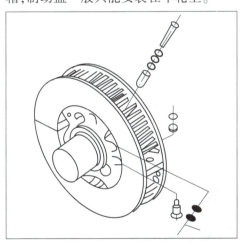

◎ 图 6-23 轴盘式制动盘　　◎ 图 6-24 轮盘式制动盘

WKZ 型盘形制动单元由克诺尔公司生产,采用气动控制,与安装在轮对上的制动盘共同作用,产生摩擦制动。WKZ 型盘形制动单元为紧凑型基础制动装置,体积小,适用于安装空间较小的转向架。夹钳与转向架通过 4 个螺栓安装固定,不需要安装盘或支架。WZK 型盘形制动单元分为两种:一种是不带停放制动的盘形制动单元,另一种是带停放制动的盘形制动单元。

1. 不带停放制动的盘形制动单元

不带停放制动的盘形制动单元用于执行列车常用制动、快速制动和紧急制动的气制动功能。不带停放制动的盘形制动单元主要由气缸、腔体、间隙调整装置、制动杠杆、闸片及其支架等组成,如图 6-25 所示。

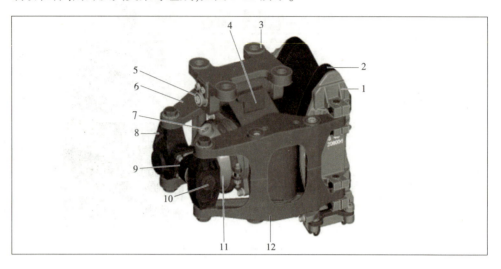

图 6-25 不带停放制动的盘形制动单元

1-闸片支架;2-闸片;3-支架;4-腔体;5-螺栓;6、12-制动杠杆;7-气管接口;8-控制杆;9-间隙调整装置;10-复位螺母、11-制动缸

2.带停放制动的盘形制动单元

带停放制动的盘形制动单元(图 6-26)在原来结构(不带停放制动装置)的基础上增加了停放制动缸与手动缓解装置,常用制动的施加过程与不带停放制动的盘形制动单元一样。停放制动执行充气缓解、排气施加原则,在此基础上还安装了手动缓解装置,可以在停放制动故障或需要在车底缓解停放制动的情况下手动缓解。

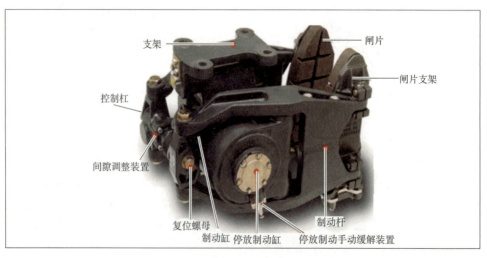

图 6-26 带停放制动的盘形制动单元

单元 6.4　典型车辆制动系统

一、KBGM 制动系统

KBGM 制动系统是由德国克诺尔公司生产的模拟式电气指令制动系统,它通过列车总线贯通整个列车,形成连续回路。该模拟制动系统的操作采用电控制空气、空气再控制空气的控制方式,制动的电指令利用脉冲宽度调制,能进行无级控制。

KBGM 制动系统由动力制动系统、空气制动系统及指令和通信网络系统组成。其中,空气制动系统主要由风源系统、控制部分和执行部分三个主要部分组成,下面以某地铁车辆为例来说明。图 6-27 所示为某地铁车辆 C 车空气管路图,风源系统和执行部分工作原理差异不大,本单元仅介绍空气制动系统控制部分。

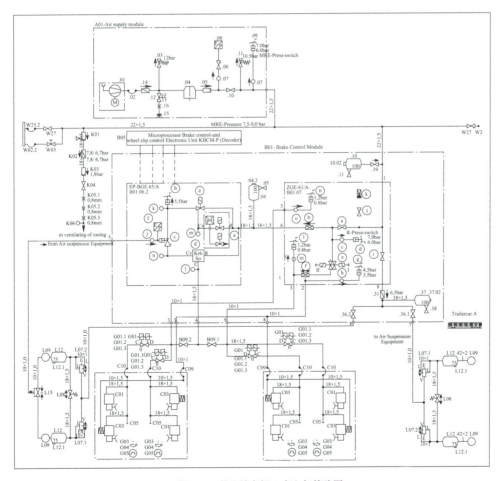

◎ 图 6-27　某地铁车辆 C 车空气管路图

控制部分是制动装置的核心,由电子制动控制单元(EBCU)、带有防滑控制的制动计算机控制单元(ECU)(B05/G02)、制动控制单元(BCU)(B06)、辅助控制单元(ACU)等组成。

1. EBCU

制动控制系统有一个用于控制电空制动和防止车轮滑行的计算机处理机,称为电子制动控制单元(EBCU),它是空气制动管理控制的核心。制动实施时,它通过多功能列车总线(MVB)接收各种与制动有关的信号,计算出一个当时所需空气制动动力的制动指令,并将其输出给BCU,BCU进行气制动补充;同时EBCU实时监控每根轴的转速,任一轮对发生滑行,都能迅速向该轮轴的防滑阀(G01)发出指令,沟通制动缸与大气的通路,使制动缸迅速排气,从而解除该轮对的滑行,实现EBCU对各轮对滑行的单独保护控制。此外,制动计算机处理控制系统还具有本车的控制系统故障自诊断功能与故障储存功能。

2. ECU

牵引计算机控制单元(DCU,用于电制动)和ECU(用于空气制动)均有独立的防滑控制系统,在常用制动、快速制动和紧急制动状态下,防滑控制系统均处于激活状态。

如图6-28所示,在每根车轴上都设有1个对应的防滑电磁阀(排风阀),它们由ECU防滑系统所控制。当某一轮对上的车轮的制动力过大而使车轮滑行时,防滑系统所控制的与该车轮对应的防滑电磁阀迅速沟通制动缸与大气的通路,使制动缸迅速排气,从而解除该车轮的滑行。该系统通过速度传感器和测速齿轮始终监视同一辆车上4个轮对的转速,并对应着4个对应的防滑电磁阀。防滑系统有一安全回路,当防滑阀被激活超过一定时间(5s)时,安全回路起作用,取消防滑控制并产生故障信号。

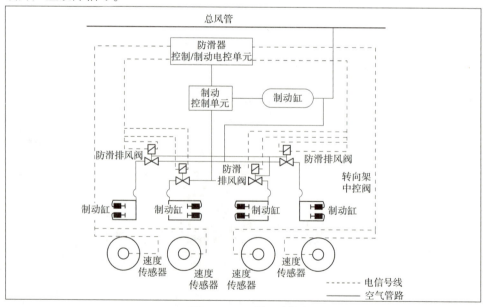

◎ 图6-28　ECU原理示意图

3. BCU

BCU 主要由模拟转换阀、紧急电磁阀、称重阀、中继阀、载荷压力传感器(将载荷压力 T 转换成相应的电信号传输给 ECU)、预控制压力开关等元件组成,如图 6-29 所示。BCU 是空气制动的核心,采用模块化设计,所有的元件都安装在一个铝合金集成板上,如图 6-30 所示,目的是集成板便于从车上拆卸和更换,维修检查或大修时不会影响车辆的运用。图 6-31 所示为 BCU 各部件的气路示意图;图 6-32 是按气路连通关系绘制的展开图,较好地表示出各部件之间的气路关系及其在气路板内的通路,也简略示出了各部件的外形。

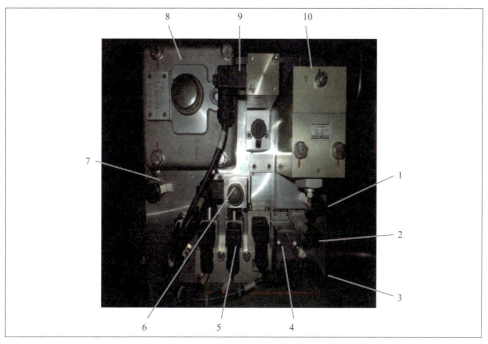

图 6-29 BCU 制动控制单元实物图

1-C_{v3} 测试点(进入中继阀前的制动压力);2-C_{v2} 测试点(进入限压阀前的制动压力);3-C_{v1} 测试点(从模拟转换阀输出的压力);4-压力开关(监控 EBCU 自检时 C_v 的压力);5-模拟转换阀;6-紧急电磁阀;7-C 点压力(最终作用在制动单元的压力);8-中继阀;9-压力传感器;10-限压阀

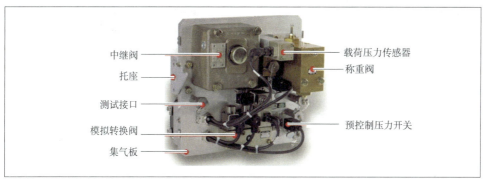

图 6-30 BCU 结构

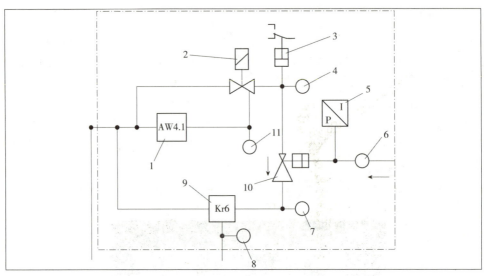

◎ 图6-31 BCU各部件的气路示意图

1-模拟转换阀AW4.1；2-紧急电磁阀；3-预控制压力开关；4、6、7、8、11-测试接口；5-压力传感器；9-中继阀；10-称重阀

同时，为便于安装、测试和维护，常在气路板上设置一些测试口（图6-31中4、6、7、8、11），用于测量各个控制压力和制动缸压力。

BCU的作用是将ECU发出的制动指令电信号通过模拟转换阀转换成与之成比例的预控制压力C_v，这个预控制压力是呈线性变化的，同时受到称重阀和防冲动检测装置的检测与限制，再通过中继阀，连通制动主气缸B04与制动缸的通路，并控制进入制动缸的压力，最后使制动缸获得符合制动指令的空气制动压力。

制动控制单元的工作原理如下：

当压力空气从制动主气缸B04进入制动控制单元B06后，分成三路：一路进入紧急电磁阀，一路进入模拟转换阀，另一路进入中继阀。图6-32为BCU按气路连通关系绘制的展开图。BCU制动流程如图6-33所示。

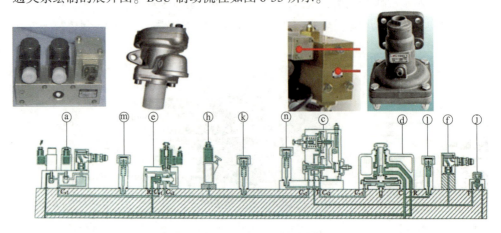

◎ 图6-32 BCU按气路连通关系绘制的展开图

a-模拟转换阀；c-称重阀；d-中继阀；e-紧急电磁阀；f-压力传感器；h-预控制压力开关；j、k、l、m、n-测试接口

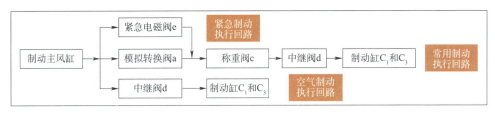

◎ 图 6-33　BCU 制动流程

4. ACU

ACU 也称空气控制屏（Z01），如图 6-34 所示。为便于安装、调试与维修，ACU 将各种压力开关、测试接口和各种气阀类元件集中安装在一块铝合金的气路板上。ACU 主要为电空制动系统、停放制动系统、空气弹簧及其他外部设备提供供、排风功能，具有避免两种制动力叠加而导致制动力过大的功能。此外，为便于维修，ACU 还具有各种监控显示、测试和实现外部供风的功能。

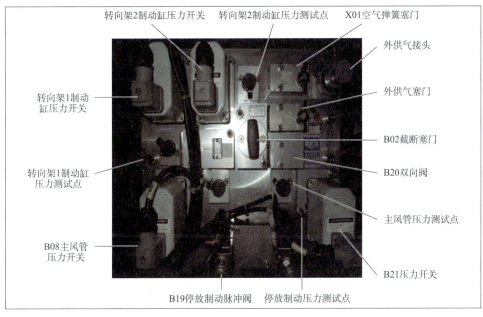

◎ 图 6-34　ACU

二、EP2002 制动系统

1. 特点

EP2002 制动系统是德国克诺尔公司生产的城市轨道交通车辆电气模拟指令式制动控制系统，其核心部件为 EP2002 阀，负责空气制动系统的控制、监控和车辆控制系统的通信。

EP2002 制动系统与常规制动系统的最大区别在于其采用架控式系统，即 1 个 EP2002 阀控制 1 个转向架，当 1 个 EP2002 阀出现故障时，仅影响 1 个转向架的空气制动，减小了对车辆的影响。与常规制动系统相比，EP2002 制动系统具有相对突出的优点，目前在国内多条轨道交通车辆上得到应用。广州地铁 3 号线是我国首个采用 EP2002 制动系统的车辆项目。

EP2002 制动系统将制动控制和制动管理电子设备以及常用制动（SB）气动阀、紧急制动（EB）气动阀和车轮防滑保护装置（WSP）气动阀都集成为机电包，安装在其所控制的转向架附近。

2. 整体组成

EP2002 制动系统由 EP2002 阀、指令产生与传输装置、风源系统、基础制动装置以及动力制动装置构成，如图 6-35 所示。

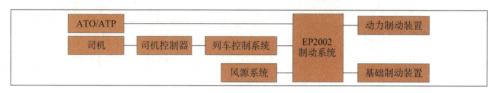

◎ 图 6-35　EP2002 制动系统构成

3. 控制部分组成

从图 6-35 可以看出，EP2002 阀是制动系统控制部分的核心部件，负责各转向架的制动及防滑控制，相当于一般空气制动系统中的 EBCU 加上 BCU 的组合。装备了 EP2002 制动系统的列车，每节车均装有两个 EP2002 阀，并且分别安装在其控制的转向架附近的车体底架上。所有的 EP2002 阀上都带有多个压力测试接口，可以方便地测量主风缸压力、制动机风缸压力、车辆载荷压力以及停放制动缸压力等。

EP2002 阀主要有智能阀、网关阀和 RIO 阀三种。远程控制功能在很多城市轨道交通车辆制动系统中尚未实现，因而列车上主要使用网关阀和智能阀两个核心部件。网关阀负责所有与 MVB 信号的通信以及硬线通信，网关阀与智能阀之间通过 CAN 总线通信。制动时网关阀接收 MVB 或硬线上的制动信号，然后通过内部计算后通过 CAN 总线送给本身的电控单元以及本车的智能阀，最后由 EP2002 阀内部的气阀单元沟通制动风缸和基础制动单元之间的压力空气，使制动施加。

EP2002 制动系统气路示意图如图 6-36 所示。

4. 系统优缺点

EP2002 制动系统的优点：

（1）通过将车控式制动系统中的 EBCU、BCU 及防滑阀整合成一个功能模块——EP2002 阀，集成在一个机电箱内，这样可减轻设备质量，节省安装空间，取消电气与空气单元之间的布线，减少车辆连接管道及安装接口数量，为车辆制造与设计带来便利。

（2）通过对单个转向架的控制提高系统的安全性。若某个 EP2002 阀出现故障，只需切除一个转向架上的空气制动即可，使故障对列车正常运行的影响降至最小。

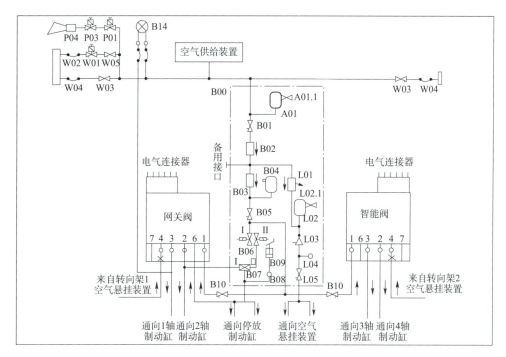

◎ 图 6-36　EP2002 制动系统气路示意图

（3）EP2002 制动系统控制精度高，部件集成程度高，需要维护的部件少，可有效减少维护工作量。

EP2002 制动系统的主要缺点：无故障显示界面、阀的互换性差、关键部件维护难度大。虽然 EP2002 制动系统与列车控制网络相连，可将故障信息通过网络传输到列车显示界面上，但显示的故障信息较为简单，无法直接分析故障源头，利用价值不高，只能通过专用软件才能读取详细、准确的故障信息。另外，在不同类型的车辆上，EP2002 阀的结构有所区别，不可互换，即使在同一类型的车辆上，网关阀与智能阀也不能互换，因而互换性较差。EP2002 阀作为架控式制动控制系统中的关键部件，由于其技术含量和集成程度很高，各地铁运营公司尚不具备相应的检修能力，一旦 EP2002 阀故障，只能送回制造厂家进行维修，维修周期长，检修工作被动。

知识拓展

车辆制动系统国产化自主生产之路

为解决我国城市轨道交通车辆制动系统市场国产化偏低的问题，中国铁道科学研究院机车车辆研究所、青岛四方车辆研究所、高校（同济大学、西南交通大学等）和地铁运营企业积极开展研究。2005 年中国铁道科学研究院在原有基础上率先完成制动控制系统的研制，并成功试运营于北京、天津等地铁制动系统,摆脱了地铁制动系统成套产品长期依赖进口的被动局面。目前,国产化 EP08 和 EP09 制动系统在各个城市的新建线路中得到了较好的运用,城市轨道交通车辆的制动技术得到新的发展。

复习思考题

一、选择题

1. 闸瓦制动、盘形制动和磁轨制动属于( )。
   A. 动力制动　　B. 摩擦制动　　C. 非黏着制动　　D. 快速制动

2. 城市轨道交通车辆多种制动形式并存,但一般不采用( )。
   A. 电阻制动　　B. 再生制动　　C. 踏面摩擦制动　　D. 磁轨制动

3. ( )是空气制动的核心,主要由模拟转换阀、紧急电磁阀、称重阀、中继阀、载荷压力传感器组成。
   A. 制动计算机控制单元　　　　B. 空气控制屏
   C. 制动控制单元　　　　　　　D. 基础制动装置

4. 在每根车轴上都设有一个对应的( ),它们由 ECU 防滑系统所控制。当某一轮对上车轮的制动力过大而使车轮滑行时,防滑系统所控制的、与该轮对对应的该部件迅速沟通制动缸与大气通路,使制动缸迅速排气,解除该车轮的滑行。
   A. 防滑电磁阀　　　　　　　　B. 控制中央处理器
   C. 速度传感器　　　　　　　　D. 测速齿轮

5. 制动供风系统中,当压力传感器检测到风源系统压力≥9.0bar 时,空气压缩机将停止工作;压力≤7.5bar,列车将启动＿＿＿＿台空气压缩机;压力≤6.5bar,列车将启动＿＿＿＿台空气压缩机;压力≤6bar,列车将＿＿＿＿。下列选项中正确的是( )。
   A. 1,2,紧急制动　　　　　　　B. 2,1,紧急制动
   C. 1,2,匀速运行　　　　　　　D. 2,1,匀速运行

二、填空题

1. 列车的制动模式有常用制动、＿＿＿＿、快速制动、保压制动及＿＿＿＿。

2. 制动按照能量的转移分为＿＿＿＿制动和电制动,电制动分为＿＿＿＿制动和＿＿＿＿制动。

3. 基础制动装置分＿＿＿＿和＿＿＿＿两种类型,盘形制动分为＿＿＿＿式和＿＿＿＿式两种。

4. 目前,城市轨道交通车辆采用＿＿＿＿式空气压缩机和＿＿＿＿式空气压缩机两种类型。

5. 空气压缩机使用_____ V/_____ Hz 三相交流电。

三、判断题

1. 弹簧停放制动缸充气时,停放制动缓解;弹簧停放制动缸排气时,停放制动施加;还附加有手动缓解的功能。（   ）

2. 在常用制动模式下,电制动和空气制动一般都处于激活状态。（   ）

3. 保压制动是为防止列车在停车后的冲动,使列车平稳停车,通过ECU内部设定执行程序来控制的。（   ）

4. 紧急制动实施后是不能撤除的,列车必须减速,直到完全停下来(零速封锁)。（   ）

四、简答题

1. 简述制动、制动力、制动距离的定义。
2. 城市轨道交通车辆风源系统有何特点？主要包括哪些部分？
3. 简述车辆的用气设备。
4. 简述KBGM的制动系统BCU由哪些部件组成。
5. 简述EP2002制动系统的组成和特点。

城市轨道交通车辆基础

项目 7
牵引系统装置

🔧 内容概述

　　城市轨道交通车辆牵引系统是列车运行的能量来源,是行车不可缺少的重要组成部分,其工作状态将直接影响列车的运行及安全。列车牵引系统主要包括受流装置、隔离开关、高速断路器、牵引逆变器、牵引电动机、制动电阻等部件。牵引系统在列车正常运行时有牵引工况和电制动工况两种工作状态,通过操作司机室的司机控制器进行转换。在牵引工况时,通过牵引主电路给牵引电动机通电,列车加速运行;在电制动工况时,通过再生制动或电阻制动方式,列车将进行减速。城市轨道交通车辆牵引系统设备的组成如图 7-1 所示。

◎ 图 7-1　城市轨道交通车辆牵引系统设备的组成关系

知识目标

1. 掌握牵引系统的功能、组成与分类；
2. 掌握受流装置、隔离开关、高速断路器、牵引逆变器、牵引电动机、制动电阻等装置的结构、组成、功能和工作原理。

能力目标

1. 能读懂城市轨道交通车辆牵引主回路电路图；
2. 能正确分析城市轨道交通车辆牵引和电制动电路；
3. 能识别城市轨道交通车辆牵引主回路中的主要电器；
4. 能识别牵引回路中各电器的组成部件并熟悉其功能。

素质目标

1. 培养规范意识和安全意识；
2. 培养主动学习新知识和新工艺的工作习惯；
3. 增强轨道交通行业的自豪感和认同感。

建议学时

6 学时。

单元7.1 牵引系统概述

一、牵引系统的工况

列车牵引系统是城市轨道交通车辆的核心部件,是列车的动力来源,根据需要为列车提供牵引力和制动力,完成列车牵引和制动。牵引系统主要有两个工况,即牵引工况和电制动工况(图7-2)。

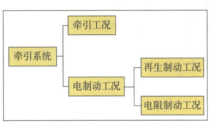

◎ 图7-2 牵引系统的主要功能

1. 牵引工况

牵引系统为列车提供牵引动力,将电网提供的电能,利用牵引电动机转换成动能,使列车在轨道上运行。

2. 电制动工况

电制动工况又可分为再生制动工况和电阻制动工况。

(1)再生制动工况。

牵引系统进行再生制动时,将列车动能转换为电能,再反馈到电网中供其他列车使用。这种方式实现了能量的再生利用,极大地降低了列车的实际能量损耗。

(2)电阻制动工况。

牵引系统进行再生制动时,电网电压过高(超过1800V),使列车电制动产生的电能无法向电网回馈,这时电制动产生的电能将会消耗在制动电阻上,通过制动电阻消耗电能,最后变成热能并消散在大气中。

列车牵引系统既提供列车前进的动力,又能实现列车的电制动。当然,列车制动功能需要电制动和空气制动共同配合完成。为了获得最好的牵引和电制动性能,城市轨道交通车辆牵引系统都是分散配置在列车上的,属于动力分散方式。牵引系统选型时要考虑多方面因素,包括线路纵断面(坡度/曲线)、城市轨道交通线路的站间距、线路设计运行速度等。总之,牵引系统功率配置的前提条件是满足列车在所运营的线路上按照设计速度进行运营。

二、牵引系统的分类

1. 根据车辆牵引电动机的种类分类

城市轨道交通车辆运行过程中的动能是直接由牵引电动机提供的,根据采用的是直流电动机还是交流电动机,城市轨道交通车辆牵引系统可分为直流传动和交流传动两种方式,这两种传动方式各有优缺点。

(1) 直流传动方式。

城市轨道交通车辆采用直流传动方式,即车辆从电网中取流过来的是直流电压(直流1500V/直流750V)。因此,早期的城市轨道交通车辆大多采用直流牵引电动机,即直流传动牵引系统,如北京地铁1号线、2号线列车。直流传动牵引系统通过凸轮变阻传动控制系统到斩波调阻控制系统,再到斩波调压控制系统。根据直流牵引电动机调速的相关知识可知,直流牵引电动机调速主要通过调节电动机两端输入电压来达到调速的目的,在调压调速的基础上配合弱磁调速。凸轮变阻、斩波调阻和斩波调压就是三种改变输入牵引电动机电压的方式。

直流传动牵引系统控制简单方便,但存在着质量大、体积大、维修量大和能耗大等缺点。

(2) 交流传动方式。

随着大功率逆变技术和自动控制技术的不断发展,交流电动机能够通过变压变频技术来获得直流牵引电动机的优点。因此,城市轨道交通车辆开始采用交流牵引电动机,即交流传动牵引系统。根据交流传动技术中交流牵引电动机形式的不同,交流传动牵引系统又可以分为旋转牵引电动机系统和直线牵引电动机系统。旋转牵引电动机系统是车辆把从电网获得的直流电通过牵引逆变器转换为变压变频的交流电,通过供电给安装在转向架上的牵引电动机把电能转化为动能,牵引电动机再通过联轴节→齿轮箱→轮对的传递途径把动能传递到列车上,最终实现对列车的牵引。直线牵引电动机系统的电动机不需要传动装置,通过安装在车辆上的和安装在轨道上的电动机部分之间的电磁作用力直接实现牵引和电制动。

在牵引系统中,交流牵引电动机相对于直流牵引电动机有许多优点:结构简单可靠、无电刷和换向器、体积小、质量轻、维修方便、转速高、功率大、能自动防滑等。交流牵引电动机在城市轨道交通中应用广泛。

2. 根据列车动力配置的数量分类

交流传动牵引系统主要有1C4M和1C2M两种形式。1C4M牵引系统是一台牵引逆变器为同一节动车上的4台牵引电动机供电。1C2M牵引系统是一台逆变器为同一个转向架上的两台牵引电动机供电。有些地铁列车牵引逆变器分成两个相同的模块,每个模块给一个转向架上的两台牵引电动机供电。牵引逆变器采用此种供电模式的牵引系统也为1C4M牵引系统。

永磁牵引系统

牵引系统是实现轨道交通车辆能量转换的关键,被喻为列车的"心脏",它决定了车辆的速度和性能。纵观世界轨道交通发展史,火车从蒸汽机车到内燃机车再到电力机车,一代牵引系统决定一代机车车辆。作为机车车辆升级标志的牵引系统,一直为世界上极少数国家所掌握,并作为最关键的核心技术。2015 年 6 月 24 日,由中国铁路总公司组织装载株洲所自主开发的永磁牵引系统的高铁进行首件鉴定。鉴定现场单台电动机的功率显示达到 690kW,这标志着我国高速铁路拥有了世界上最先进的牵引技术,让我国成为世界上少数几个掌握高铁永磁牵引系统技术的国家,使得我国高铁动力技术真正进入了"永磁时代"! 2020 年 6 月 28 日,由中车株洲电力机车研究所有限公司旗下时代电气提供永磁牵引系统等装备的长沙地铁 5 号线正式开通试运营。这是我国首条全线采用永磁牵引系统的地铁线路,标志着我国地铁迎来"永磁时代"。长沙 5 号线全线车辆搭载时代电气自主研发的永磁牵引系统、辅助系统、网络控制系统等核心部件。其中,永磁牵引系统采用集成度高的平台化产品,牵引控制采用领先的无位置传感器控制技术。相比交流异步牵引系统,永磁同步牵引系统具有高功率密度、高效率、高功率因数和低噪声等显著优势,应用于轨道交通车辆牵引,可以提高牵引功率、节能降耗、减少维护量、降低全生命周期成本,同时噪声较异步系统低,可以提高乘客的舒适度。

单元7.2 牵引系统主电路结构和工作原理

城市轨道交通车辆牵引系统主电路属于高压电路,一般为 1500V 或 750V 直流供电。根据不同功能单元,牵引系统主电路主要包括受流装置、高速断路器、牵引逆变器、牵引电动机和制动电阻等装置。受流器从牵引供电接触网取流后,传入隔离开关(KS)→高速断路器(HSCB)→牵引逆变器(TC1、TC2,)→牵引电动机(M),牵引电动机通电后转动,以此来带动列车运行,完成车辆牵引。当车辆进行电制动时,通过牵引工况同样的路径,将牵引电动机输出的电能反向传输到牵引供电接触网,实现再生制动功能;通过牵引电动机(M)→牵引逆变器(TC1、TC2,)→制动电阻(BR)路径,实现电阻制动功能。牵引系统主电路结构简图如图 7-3 所示。

一、受流装置

受流装置的主要功能是从电网获取直流电源供列车牵引系统和辅助系统使用。城市轨道交通车辆的受流装置有受电弓和集电靴两种类型。其中,受电弓是从车顶上方的牵引供电接触网受流,如广州地铁 1、2、3 号线车辆;集电靴是从车底轨道旁边的第三轨受流,如广州地铁 4、5、6 号线车辆。目前,城市轨道交通车辆较多采用受电弓从接触网受流的方式。

1. 受电弓

受电弓是从接触网向整个车辆电气系统供电以及输送再生制动能量的必要部

件。受电弓在刚性接触网和柔性接触网的线路上均能使用,在整个车辆速度范围内,受电弓有良好的动力学特性能,能够保证在各种轨道和速度下与接触网有良好的接触状态和接触稳定性。

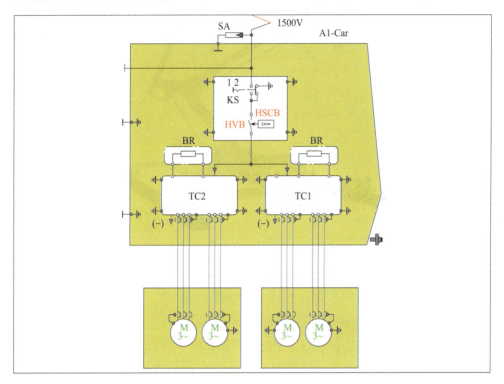

◎ 图 7-3　牵引系统主电路结构简图

(1)受电弓的安装位置。

受电弓一般安装在 B 车车顶,一辆 6 节编组共两个单元的列车,每个单元的 B 车安装 1 个受电弓,如图 7-4 所示。早期有车辆的受电弓安装在 A 车车顶,如广州地铁 1 号线最早一批次车辆。

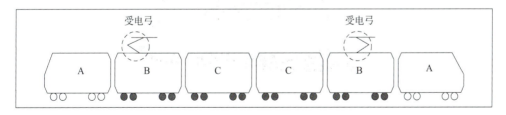

◎ 图 7-4　受电弓的安装位置

(2)受电弓的结构组成。

受电弓按照驱动方式分类,有电动和气动两种;按照结构形式分类,有单臂弓和双臂弓两种;按照弓头滑板数量分类,一般有单滑板与双滑板两种。目前,城市轨道交通车辆以气动、单臂、双滑板受电弓居多。

单臂气动受电弓一般由底架、高度止挡、绝缘子等组成,如图 7-5 所示。

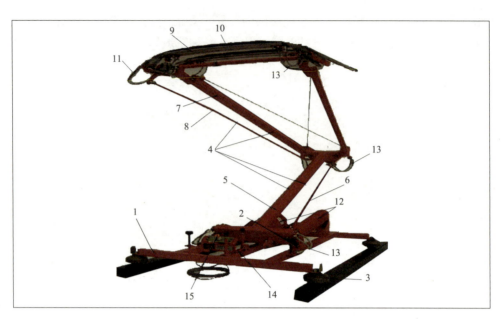

◎ 图7-5 单臂气动受电弓的组成

1-底架;2-高度止挡;3-绝缘子;4-构架;5-下臂;6-下导杆;7-上臂;8-上导杆;9-弓头;10-接触滑板;11-端角;12-升降弓装置;13-电流传输装置;14-锁钩;15-最低位置指示器

下面对单臂气动受电弓的几个关键部件进行说明。

①底架(图7-6)。底架通过4个绝缘子安装在车顶上,由方形的中空管、角钢及板的焊接构件组成。它作为下臂的支承装置,包括轴承、下导杆的轴承滑轮、拉伸弹簧的悬挂及气压升弓传动装置,主要的电器是连接位于底架后部的镀铜部件。

◎ 图7-6 底架

1-拉伸弹簧;2-最低位置指示器;3-受电弓气缸

②下臂。下臂由一个焊接钢管构成,包括中心连接支承的所有部分,支承点由密封的重型旋转头组成。

③上臂。上臂为封闭的框架设计,由焊接铝结构组成,包括拉伸型管、环形的上臂十字管和上臂连接。它支承下臂的旋转头和下导杆。

④弓头(集电头)。弓头是框架上的受电弓零件,它是直接与上部接触网相接

触的零件。弓头的质量与受电弓框架相比较轻,接触滑板安装在簧片上,弓头用枢轴安装在上臂的上部,通过上部导向杆导向。

⑤升降弓装置。根据升降弓装置的不同,气动受电弓主要分为弹簧弓和气囊弓,如图7-7所示。弹簧弓的升弓装置由升弓气缸、活塞、带有控制杆的活塞杆及带阀的风管等组成,当控制压缩空气进入升弓气缸后,压缩空气推动活塞、活塞杆,进而带动受电弓升起。气囊弓的升弓装置由气阀箱和升弓气囊等组成,当控制压缩空气进入升弓气囊后,气囊膨胀抬升,抬升的气囊带动钢丝绳拉拽下臂杆,使下臂杆转动,从而使受电弓逐渐升起。

a) 弹簧弓　　　　　　　　　　　b) 气囊弓

◎ 图 7-7　气动受电弓

(3)受电弓的升降弓控制。

在司机室驾驶台面板上有升弓、降弓按钮开关,按下对应按钮,实现控制受电弓的升弓和降弓动作,如图7-8所示。受电弓升弓、降弓按钮说明见表7-1。

◎ 图 7-8　受电弓升弓、降弓按钮 + 高速断路器分、合按钮
1-高速断路器分合控制按钮(带指示灯);2-受电弓升降控制按钮(带指示灯)

受电弓升弓、降弓按钮说明　　　　　　　　表 7-1

图标	说明
降 受电弓	受电弓降弓(=21-S01):用于启动列车上所有有效受电弓的降弓动作;当列车上的所有有效受电弓均降下时,激活点亮按钮上的红色指示灯

续上表

图标	说明
升 受电弓	受电弓升弓(=21-S02):用于启动列车上所有有效受电弓的升弓动作;当列车上的所有有效受电弓均升起时,激活点亮按钮上的绿色指示灯

受电弓的升、降弓控制包括电路和气路部分,其控制工作原理简图如图7-9所示。当按下升弓按钮后,受电弓电路控制部分的升弓继电器得电,进而控制受电弓工作电磁阀得电,充气阀门打开,连通总风管和受电弓的升弓装置,使压缩空气进入升弓装置,通过气压推动相关连杆机构,受电弓向升弓方向运动,直到完全升起为止。当按下降弓按钮后,受电弓电路控制部分降弓继电器得电,进而控制受电弓工作电磁阀失电,排气阀门打开,连通大气和受电弓的升弓装置,使升弓装置的气体排到大气中,受电弓靠自重下降,直到顶管降下并保持在底架的两个橡胶止挡上。

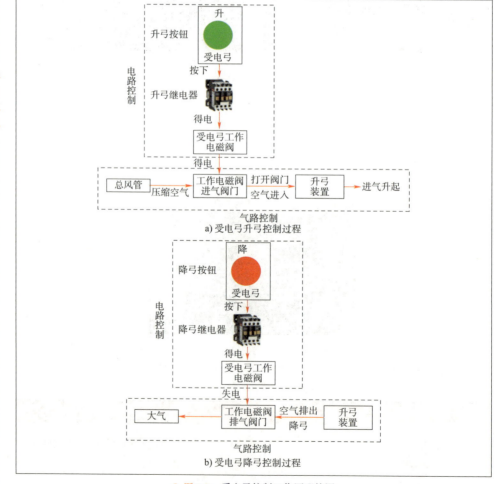

图7-9 受电弓控制工作原理简图

当受电弓升起后,接触网的电流首先由接触滑板流入受电弓弓头,然后依次经过上臂、下臂流入底架,最后经连接在受电弓底架上的车顶母线进入车辆电气系统。车顶母线如图 7-10 所示。

在司机室车辆显示屏(HMI)上可以显示受电弓的状态,如图 7-11 所示,各图标说明见表 7-2。

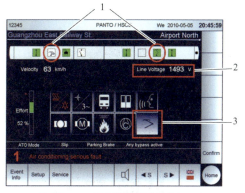

◎ 图 7-10　车顶母线
1-车顶母线;2-避雷器

◎ 图 7-11　受电弓的显示状态(HMI)
1-受电弓状态显示;2-网压显示;3-选择位置

受电弓显示状态图标说明　　　　　　　　　　　　　　　表 7-2

图标	说明	图标	说明
🔒	受电弓切除		绿色,受电弓升起且无故障
	红色,受电弓降下且有故障		红色,受电弓升起且有故障
	白色,受电弓落下且无故障		

为了检测受电弓的位置,一般受电弓都有降弓检测和升弓检测功能。其中,降弓检测是通过位置开关或位置传感器来实现的。最低位置检测装置固定在底架上,当受电弓位于最低位置时,它向车辆发送一个电子信号,提示受电弓已降至最低位置。升弓检测是通过检测电网电压来实现的,是电压检测。当受电弓接触到电网时,会将网压显示在 HMI 上,表示已升弓。

知识拓展

受电弓旁边有 1 个避雷器(SA),也叫浪涌吸收器。它用于防止来自城市轨道交通车辆外部的过电压(如雷击等)对车辆电气设备的破坏。避雷器与牵引系统主电路并联,当接触网出现过电压时,击穿避雷器阀体,接通受电弓与接地装置,将接触网的过电压释放到接地装置,从而保护车辆的其他设备。

一辆6节编组的列车有两个受电弓,在正常情况下按下升弓按钮,列车上两个受电弓都会升起。有些列车在司机室电气柜内会设置受电弓切除旋钮,有"分"和"合"两个位置,如图7-12所示。当将受电弓切除旋钮旋到"合"位置时,本车单元的受电弓会落下,同时不再受升弓、降弓按钮的控制,可以进行车辆升单弓运行,如列车空车运行的时候。

图7-12 受电弓切除旋钮

2. 集电靴

由于城市轨道交通线路大多穿越城区,往往需要设在地下,且速度要求不高,从经济性、安全性和对城市景观影响等方面考虑,会采用集电靴从第三轨受流方式。

(1)集电靴的安装位置。

集电靴安装在转向架的构架侧面,与接触轨(第三轨)形成弹性接触。它的布置原则是保证在断电区仍能满足列车的供电要求。对于三动三拖6节编组的车辆,每列车共装有12个集电靴。集电靴一般有两种布置方式:一种是将所有集电靴安装在动车转向架上,如图7-13所示;另一种是其中3个动车共装有8个受流器,带司机室的拖车Tc共装有4个受流器,如图7-14所示。显而易见,第二种受流器布置方式比第一种更加分散,但两种方式均能确保列车顺利通过三轨断电区,因为集电靴之间均为并联连接。

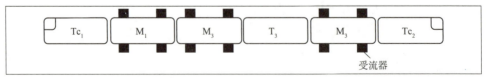

图7-13 三动三拖6节编组列车的集电靴布置1

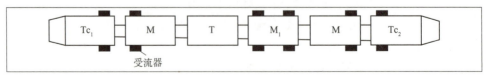

图7-14 三动三拖6节编组列车的集电靴布置2

另外也有车辆不管动车,还是拖车,所有的转向架都安装集电靴,其布置如图7-15所示。

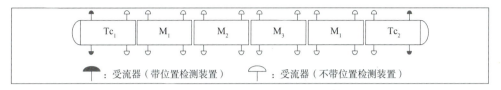

◎ 图7-15　四动三拖6节编组列车的集电靴布置3

(2)集电靴的结构组成。

集电靴主要由滑块、集电靴臂、熔断器、绝缘框架、活动铰链等组成,如图7-16所示。集电靴也是通过相关的气路来完成接触部分的升降动作的。

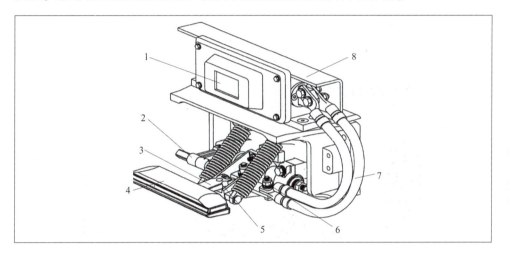

◎ 图7-16　集电靴结构组成

1-熔断器;2-伸缩杆;3-集电靴臂;4-滑块;5-弹簧;6-活动铰链;7-电缆;8-绝缘框架

安装集电靴的列车一般也可以安装受电弓,这主要是考虑列车在车辆段检修的需要。

二、隔离开关

隔离开关也叫闸刀开关,它的功能是在接触网供电、车间电源供电以及接地模式之间进行切换,实现高压供电方式的选择。隔离开关一般安装在 B 车车底的高压箱(图7-17)内,有三个位置:受流位(受电弓位)、接地位、车间电源位,如图7-18所示。当需要操作隔离开关时,打开高压箱箱盖,可以手动操作隔离开关的手柄,进行转换操作。

(1)当隔离开关在受流位(受电弓位)时,列车通过受电弓获取直流1500V/750V的高压电,车辆牵引系统、辅助系统均有供电,列车有牵引功能。这也是列车正常运行时隔离开关所处的位置,此时车间电源供电被隔离。

(2)当隔离开关在接地位时,列车没有高压供电,车辆牵引系统、辅助系统都被接地。当列车需要进行牵引、辅助系统检修时,同时要求所有电源都被接地或断开时,必须将隔离开关转换到接地位,这样就可以非常安全地进行检修维护工作。

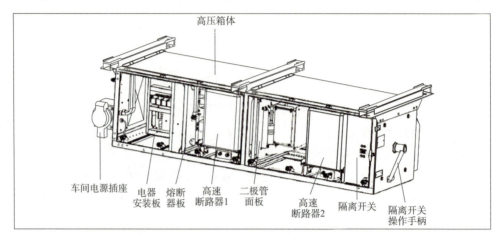

◎ 图7-17 高压箱结构

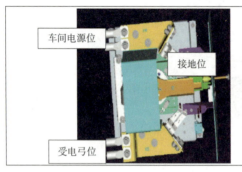

◎ 图7-18 隔离开关

(3)当隔离开关在车间电源位时,列车通过车间电源插座获取直流1500V/750V的高压电。此时车辆辅助系统有供电,车辆牵引系统没有供电,列车没有牵引功能,不能运行。当列车在车库内进行整备作业时,可以采用车间电源供电方式。

车辆受电弓供电和车间电源供电在任何时候都不能同时进行。因为隔离开关的手柄只能在一个位置,正好让受电弓供电和车间电源供电彼此机械隔离,保证高压供电要求。

三、高速断路器

高速断路器(High Speed Circuit Breaker,HSCB)一般安装在B车车底的高压箱内,其实物图如图7-19所示。

◎ 图7-19 高速断路器实物图

1. 高速断路器的作用

高速断路器主要有两个作用:一是开关作用。在正常情况下,根据需要接通和断开接触网与车辆主回路的高压电路。二是保护作用。在发生故障时,如主电路短路、过载、故障时,快速切断主电路,对牵引系统进行保护。

2. 高速断路器的结构

高速断路器由基架、主触头、辅助触头、脱扣装置、闭合装置、灭弧罩构成,如图7-20所示。其各组成部分的作用如下:

(1)基架用于安装主触头、脱扣装置、闭合装置、灭弧栅、辅助触头等部件,要求有较高的机械性能和良好抗振性能,采用坚固的玻璃纤维聚酯材料,绝缘性能好。

(2)主触头包括动触头和静触头,用于接通车辆主电路。

(3)辅助触头包括6对双触头开关,跟随主触头的动作而动作,用于辅助控制、显示状态等。

(4)脱扣装置也称短路快速跳闸装置,用于过载保护,它的跳闸值可通过刻度盘来调整。跳闸值应按允许通过的短路峰值电流来设定,防止开关发生误跳。

(5)闭合装置包括磁铁、线圈、圆筒、连接杆、压簧、前后极、叉头等。闭合装置用于开关的正常吸合和分断。高速断路器合闸线圈只能短时通电,开关到合闸位后,靠连杆机构保持。

(6)灭弧罩由一组抗电弧的绝缘板、灭弧片和引弧片组成。灭弧罩主要用于吸入动、静触头分断产生的电弧,并进行分割、冷却。

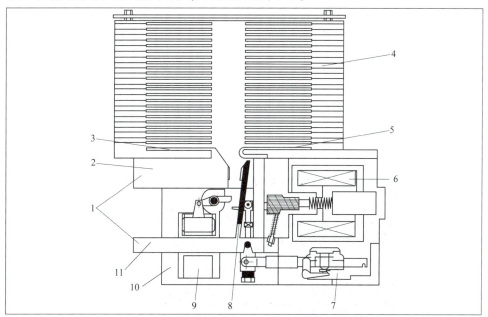

◎ 图7-20 高速断路器的结构示意图

1-主触头;2-主触头上部连接;3-引弧左连接;4-灭弧罩;5-引弧右连接;6-闭合装置;7-辅助触头;8-动触头;9-脱扣装置;10-基架;11-主触头下部连接

3. 高速断路器的控制

在司机驾驶台上有合主断(HSCB 合)和分主断(HSCB 分)按钮,分别用于操作控制高速断路器的闭合和断开,进而控制车辆牵引主电路中高压直流供电回路的接通和断开。高速断路器的控制按钮说明见表 7-3。

高速断路器的控制按钮说明　　　　表 7-3

图标	说明
分 主断(红色)	HSCB 分(=21-S03):用于断开列车中的所有高速断路器,当列车中所有高速断路器均断开(OFF)时,点亮激活按钮的红色指示灯
合 主断(绿色)	HSCB 合(=21-S04):用于接通列车中的所有高速断路器,当列车中所有高速断路器均接通(ON)时,点亮激活按钮的绿色指示灯

当按下合主断按钮后,控制高速断路器的闭合装置的闭合线圈得电,产生电磁力,带动动铁芯动作进而闭合主触头的动触头,接通主电路;当按下分主断按钮后,高速断路器的闭合装置的闭合线圈失电,电磁力消失,动铁芯在弹簧力的作用下复位,进而分开主触头的动触头,断开主电路。这就是高速断路器的开关作用。

高速断路器的保护作用由脱扣装置来实现。脱扣装置可以实时监测主电路的电流大小,当发生过电流(短路、过载或故障)时,流过主触头的电流在脱扣装置的线圈中产生的磁场力超过规定值,使得磁铁向上移动,通过杠杆下压叉杆释放动触头,断开主电路。

高速断路器的主触头合上或断开状态可以在司机室车辆显示屏(HMI)显示出来,如图 7-21 所示。因为每套牵引系统都会配置 1 个高速断路器,即每节动车都对应高速断路器,图中显示有 4 个高速断路器(动车 A、C 车)。高速断路器的显示图标说明见表 7-4。

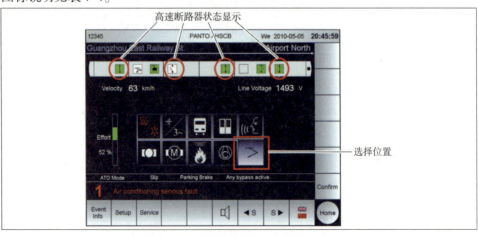

图 7-21　高速断路器的状态显示(HMI)

高速断路器的显示图标说明　　　　　　　　　表 7-4

图标	说明	图标	说明
	HSCB 合上		HSCB 断开

四、牵引逆变器

牵引逆变器是城市轨道交通交流传动方式车辆的重要设备。以地铁车辆为例,牵引逆变器一般安装在每节动车车底的牵引箱(逆变箱)内,其结构实物图如图 7-22 所示。

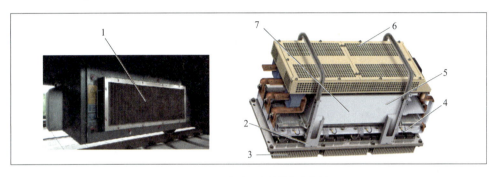

图 7-22　牵引逆变器结构实物图

1-牵引箱;2-IGBT;3-散热装置;4-门极驱动;5-充电电容;6-牵引控制单元;7-牵引逆变器单元

1. 牵引逆变器的作用

城市轨道交通接触网是 1500V/750V 直流电压,而交流传动车辆的牵引电动机需要输入交流电压,中间就需要有把直流电变为交流电的变流设备,这个设备就是牵引逆变器。牵引逆变器把输入的 1500V/750V 直流电压转换为电压大小可变、频率可变的三相交流电,输出给牵引电动机供电。因为牵引逆变器输出的电压值范围为 0～1150V、频率为 0～128Hz(不同车辆的牵引逆变器数值不一样,视具体情况而定,此为其中一种),通过对牵引逆变器设备进行控制,可以输出可变电压、可变频率的三相交流电,所以牵引逆变器也常称为 VVVF 逆变器。

2. 牵引逆变器的电路结构

牵引逆变器电路主要由输入电路、逆变单元、牵引控制单元构成,如图 7-23 所示。除以上主要部分外,牵引逆变器还包括各种辅助的电源供应和散热系统等。

(1)输入电路。输入电路主要包括线路电抗器、线路电容器、线路接触器、充电接触器等。其中,线路电抗器和线路电容器组成 LC 滤波电路,其作用是减少线路电压的瞬变和谐波,即对主电路的直流电进行滤波,稳定输入给逆变单元的直流电压,保证逆变单元得到一个优质的直流电压。线路接触器、充电接触器和充电电阻组成充电电路,作用是减少牵引逆变器开始工作阶段瞬时加入的高压电对设备的影响。当列车牵引逆变器投入使用时,先闭合充电接触器,电流通过充电电阻给电容器充电(这可以看作由充电电阻进行一定的分压),瞬时变化相对平缓(进行工作初期的过渡);当电容器电压升高到一定程度时线路接触器闭合,充电接触器断开,此后线路接触器持续为逆变单元供电。当然,线路接触器、充电接触器的闭合/断开由牵引控制单元自动控制。

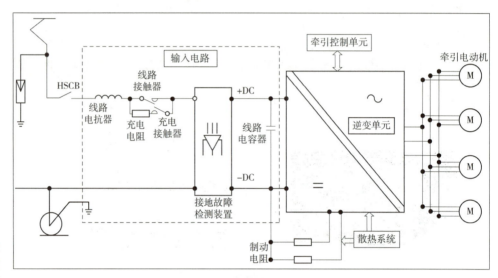

◎ 图 7-23　牵引逆变器的结构组成简图

（2）逆变单元。逆变单元包括逆变器部分和制动斩波部分,如图 7-24 所示。逆变器部分的核心元件是 6 个三极管,组成三相桥式逆变电路。在牵引工况时,逆变器部分工作在逆变状态,将输入的直流电逆变成三相交流电输出给牵引电动机;在电制动工况时,逆变器部分工作在整流状态,将牵引电动机输入的交流电整流成直流电输出给电网/制动电阻。制动斩波部分的核心元件是 2 个或 1 个三极管,与外部制动电阻相连,当检测到列车需要电阻制动时,牵引控制单元会控制对应三极管的门极驱动控制板,接通制动斩波器,将电能输送给制动电阻消耗。

（3）牵引控制单元。牵引控制单元实现对牵引逆变器的控制和检测,完成车辆的牵引和制动。每套牵引系统配备一个牵引控制单元。

五、牵引电动机

用于城市轨道交通车辆带动列车运行的电动机通常称为牵引电动机。牵引电动机安装在动车转向架中,一般每根车轴配备 1 个牵引电动机,所以每个动车转向架有 2 个牵引电动机。城市轨道交通车辆牵引电动机有直流牵引电动机和交流牵引电动机两种,其中交流牵引电动机又有旋转牵引电动机和直线牵引电动机两种。目前城市轨道交通车辆应用广泛的是三相交流旋转牵引电动机。

1. 牵引电动机的结构

城市轨道交通车辆牵引电动机一般是笼形电动机,结构如图 7-25 所示。

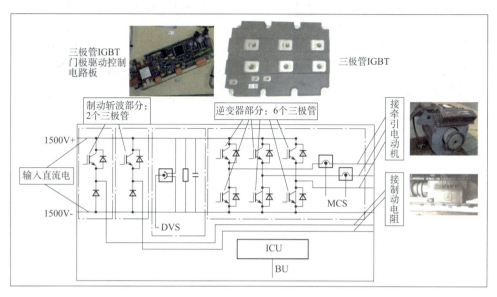

◎ 图 7-24 牵引逆变器的逆变单元原理简图

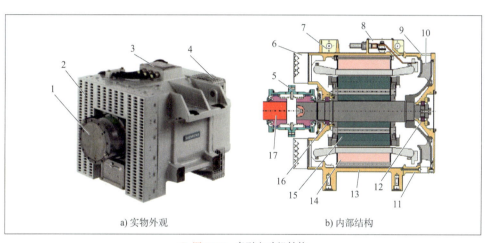

a) 实物外观　　　　b) 内部结构

◎ 图 7-25 牵引电动机结构

1-连轴节;2-进风口;3-接线箱;4-出风口;5-齿式联轴器;6-进风口双层滤网;7-电机悬挂;8-接线箱;9-出风口;10-风扇;11-尾盘;12-N 端(非传动端)轴承;13-机座;14-定子;15-转子;16-D 端(传动端)轴承;17-传输端小齿轮轴

(1)定子。定子由铁芯(电工硅钢片叠成)、定子绕组和机座组成,如图 7-26 所示。铁芯内圆有许多形状相同的槽,用于嵌放绕组,机座用于固定和支承铁芯,要求有足够的机械强度和刚度。定子外部固定有端盖。

(2)转子。牵引电动机转子如图 7-27 所示。铁芯安装在转轴上,表面开有槽,用于放置或浇注绕组。在转子的 N 端(非传动端)安装有风扇,跟随转子的转动而转动,用于转子高速转动时电动机内部的降温散热。

◎ 图7-26 牵引电动机定子
1-机座;2-铁芯;3-绕组

◎ 图7-27 牵引电动机转子
1-铜条;2-铁芯;3-风扇

(3)气隙。气隙大小对异步电动机性能有很大的影响。气隙大,则磁阻大,励磁电流大,功率因数小,电能转化为动能的效果差。理论上气隙小点好,但气隙过小,则装配困难,运行不可靠,启动性能变差。

根据牵引系统的需要,有的牵引电动机安装有速度传感器,用来测量电动机的转速。

2. 牵引电动机的工作原理和调速原理

(1)牵引电动机的工作原理是:定子通上三相交流电后,在气隙中产生旋转磁场,该磁场切割转子导条后,在转子导条中产生感应电流。带电的转子导条处于气隙旋转磁场中,将产生电动力,使转子朝定子旋转磁场的同一方向旋转。

(2)牵引电动机的调速原理是:通过改变输入给定子的三相交流电的幅值大小或频率来改变转子的转速。牵引逆变器是调压调频逆变器,通过控制牵引逆变器的输出电压的大小和频率来控制牵引电动机的转速,达到调速的目的。

知识拓展

直线电动机是一种新型电动机,近年来在北京地铁机场线列车、广州地铁4、5、6号线列车上使用。直线电动机可以看作一台被剖开并展平的旋转感应电动机,因此它的定子与转子在平面内是平行的。其中,定子部分悬挂安装在车辆转向架下,即我们所说的直线电机,转子部分装在轨道中央,即感应板,如图7-28所示。它是依靠定子和转子之间的电磁作用力直接实现列车的牵引和电制动的。可以说,直线电动机是通过带动转向架的移动来使列车运行的,而旋转电动机是通过电动轮对的转动来使列车运行的。

定子——直线电动机　　　　转子——感应板

◎ 图 7-28　直线电动机的定子和转子

六、制动电阻

制动电阻箱安装在每节动车的车底,在牵引电动机电制动时用来消耗过高的再生电压,其目的是保证线网及列车的安全。因为在电制动的情况下,当能量不能被电网完全吸收时,多余的能量必须转换为热能消耗在制动电阻上,否则电网电压将抬高到设备不能承受的水平。因此,制动电阻的存在确保了电网上其他设备的安全。

1. 制动电阻的冷却方式

制动电阻和普通电路中电阻的功能一样,流过电流时通过发热形式消耗电能,只是城市轨道交通车辆制动电阻流过的电流很大而已。所以,对制动电阻的冷却很重要,主要有强迫风冷制动电阻和自然风冷制动电阻两种冷却方式。

(1)强迫风冷制动电阻由入风罩和出风防护罩、一个电动机和叶轮以及主箱体内两个低阻值电阻组成,整机由安装吊架吊挂在车底架下。它通过给电动机通电带动叶轮转动来加速气流,带出电阻的热量。强迫风冷制动电阻结构如图 7-29 所示。

 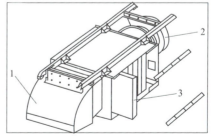

◎ 图 7-29　强迫风冷制动电阻结构
1-出风防护罩;2-入风罩;3-电阻

(2)有些制动电阻没有安装电动机、风扇等设备,即没有强制冷却,它们是通过空气对流冷却的,即自然风冷制动电阻。冷却空气从底部进入制动电阻箱并从带孔侧墙排出,带出电阻的热量。自然风冷制动电阻结构如图 7-30 所示。

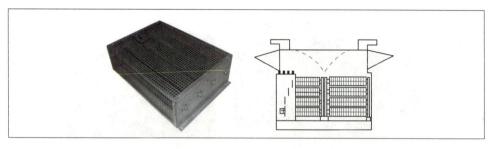

◎ 图7-30　自然风冷制动电阻结构

2. 制动电阻的工作原理

牵引控制单元对电网直流电压进行检测,当电压升至第一个预定值(如1800V)时,牵引控制单元控制电阻制动斩波器工作,系统工作在再生制动和电阻制动的混合工况;当电压升至第二个预定值(如1900V)时,系统全部转入电阻制动工况。再生制动和电阻制动转换过程是平滑过渡、无冲击的。

七、牵引系统主电路的控制与执行

1. 司机控制器

司机控制器是用来操纵城市轨道交通车辆运行的控制器,它利用控制电路的低压电器间接控制主电路的电气设备,从而控制列车的运行工况和行车速度。

城市轨道交通车辆司机控制器有以下两种类型:

(1)面板上有钥匙开关、控制手柄和方向手柄,如图7-31所示。钥匙开关用于激活司机室,有"0"位和"1"位两个位置:"0"位关闭,"1"位激活。控制手柄有牵引区、零位、制动区、快速制动位4个挡位,分别实现列车牵引工况、惰行工况、制动工况和快速制动工况。方向手柄安装在控制手柄附近,有后退、0、前进位共3个挡位(有的有ATC位),分别实现列车的前进、后退操作。控制手柄的零位、牵引最大位、制动最大位、快速制动位之间一般为无级调节且均有定位;通过转动同轴的驱动电位器来调节输入到电气柜的电压指令,从而达到调节牵引力和制动的目的。方向手柄在每个挡位均有定位,应稳定在相应的挡位中。

控制手柄、方向手柄之间相互实施机械联锁,以防止方向手柄在"0"位时控制手柄移动:

①控制手柄必须置于"0"位才能操作方向手柄改变方向。

②只有在列车静止时才能改变行驶方向。若试图改变行驶方向,而列车正在行驶,会引发紧急制动。

钥匙开关仅能在以下情况下拔出:

①控制手柄在"0"位。

②方向手柄在"0"位。

③钥匙在"OFF"位。

(2)面板上有钥匙开关、模式选择开关和控制手柄,如图7-32所示。控制手柄上可移至牵引位、惰行位("0"位)、制动位、快制位4个挡位,分别实现不同的牵引制动工况。而模式选择开关则有 ATO 位、手动位、限速向前位、洗车位、断开位、限速向后位等6个挡位,用于选择不同的驾驶模式。钥匙开关、模式选择开关和控制手柄之间也有机械联锁关系,可防止误动作。

图7-31 司机控制器(一)
1-方向手柄;2-警惕按钮;3-控制手柄

图7-32 司机控制器(二)
1-警惕按钮;2-控制手柄;3-钥匙开关;4-模式选择开关

司机控制器的控制手柄上均设有警惕按钮,用以提示司机,防止手动驾驶时司机注意力不集中。采用手动模式驾驶时,警惕按钮必须持久地压下,若在限定时间(4s)内未再次压下,4s 后将施加紧急制动。

2. 列车牵引系统主电路的工作过程

列车牵引系统主电路的工作过程简图如图 7-33 所示。当列车正常运行时,隔离开关在受电弓位,所以按下升弓按钮,使受电弓升起后,直流(1500V/750V)高压电能传递到第4点(图7-33中,后续同);再按下合 HSCB 按钮,高速断路器主触头闭合,这时直流高压电能传递到第6点;再将司机控制器的方向手柄打到前进位、控制手柄打到牵引区,这时司机控制器发出牵引指令给牵引控制单元(TCU),TCU 会根据列车的设备状态、安全情况、牵引指令等计算并转换成对应的牵引信号,再将牵引信号传递到 VVVF 牵引逆变器,让 VVVF 牵引逆变器工作;当 VVVF 牵引逆变器开始工作后,能将第6点输入的直流电变换成对应的三相交流电,从第7点输出,传递给牵引电动机;牵引电动机通电后开始转动,带动列车运行。当控制手柄在牵引区的位置调整时,对应牵引指令、牵引信号等均改变,使 VVVF 牵引逆变器的控制信号改变,同时使第7点输出的三相交流电(电压值大小、频率)改变,从而使牵引电动机的转速改变,使列车速度随之改变。当列车需要减速或停车时,将控制手柄打到制动区,这时司机控制器发出制动指令给 EBCU,EBCU 同样会根据列车速度、网压大小、制动指令等计算并转换成对应的制动信号,分配好再生制动、电阻制动、空气制动比例。这时 VVVF 牵引逆变器工作在整流状态,将牵引电动机发出的三相交流电整流成直流电。需要再生制动则从第6点输出传递给电网;需要电阻制动则从第10点输出传递给制动电阻,实现再生制动的电阻制动。

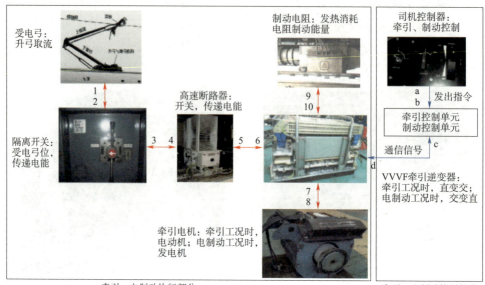

▲ 图7-33 列车牵引系统主电路的工作过程简图

做一做

（1）列车牵引系统设备查找。通过对牵引系统装置的学习，请你在学校实训车辆上查找表7-5中的设备，并填写它的安装位置和功能。

列车牵引系统设备查找 表7-5

序号	设备名称	安装位置	功能
1	受流装置	□A车 □B车 □C车	
2	高速断路器	□A车 □B车 □C车	
3	牵引逆变器	□A车 □B车 □C车	
4	牵引电动机	□A车 □B车 □C车	
5	制动电阻	□A车 □B车 □C车	
6	司机控制器	□A车 □B车 □C车	

（2）受电弓结构认知。根据学校实训受电弓设备，识别各结构名称，并填写其安装位置和作用，完成表7-6。

受电弓结构认知 表7-6

结构名称	安装位置	作用
例：绝缘子	☑底架 □活动构架 □集电头	电气隔离和机械支承
	□底架 □活动构架 □集电头	

续上表

结构名称	安装位置	作用
	□底架 □活动构架 □集电头	
	□底架 □活动构架 □集电头	
	□底架 □活动构架 □集电头	
	□底架 □活动构架 □集电头	
	□底架 □活动构架 □集电头	
	□底架 □活动构架 □集电头	
	□底架 □活动构架 □集电头	
	□底架 □活动构架 □集电头	
	□底架 □活动构架 □集电头	

(3)牵引电动机认知。观察学校实训车辆中牵引电动机的安装位置,完成表 7-7。

牵引电动机认知   表 7-7

A 车	□没有 □有 数量:_____	安装位置:_____
B 车	□没有 □有 数量:_____	安装位置:_____
C 车	□没有 □有 数量:_____	安装位置:_____

复习思考题

一、选择题(含单选和多选)

1. 城市轨道交通车辆直流传动的控制方式有( )。
   A. 凸轮变阻   B. 斩波调阻   C. 斩波调压   D. VVVF

2. 列车在正常运行时,隔离开关的位置是( )。
   A. 受流位   B. 接地位   C. 车间电源位   D. 都可以

3. 主电路发生短路或过载时,高速断路器的( )使其快速跳闸。
   A. 辅助触头   B. 脱扣装置   C. 闭合装置   D. 灭弧罩

4. 在电制动工况中,VVVF 牵引逆变器的作用是( )。
   A. 逆变作用   B. 斩波作用   C. 整流作用   D. 无作用

二、判断题

1. 城市轨道交通车辆交流牵引电动机不需要散热。 ( )
2. VVVF 输出恒压、恒频。 ( )
3. 牵引逆变器电路主要由输入电路、逆变器单元、牵引控制单元构成。
   ( )

4. 高速断路器并联在主电路中,牵引电路中过流、短路、过载时它会断开。

(　　)

5. 异步电动机可以通过改变定子频率改变电动机转速。　　　(　　)
6. 车间电源可以给牵引主电路供电。　　　　　　　　　　　(　　)
7. 牵引系统有牵引工况、电制动工况两种。　　　　　　　　(　　)
8. 当隔离开关在接地位时,车辆牵引系统、辅助系统都被接地。(　　)
9. 受电弓的升弓检测是位置检测。　　　　　　　　　　　　(　　)
10. 制动电阻箱安装在每节动车的车底。　　　　　　　　　　(　　)

三、简答题

1. 城市轨道交通车辆牵引系统的主要功能是什么?
2. 牵引回路中的主要部件有哪些?
3. 简述受电弓的升弓原理。
4. 简述高速断路器的作用。
5. 简述牵引电动机牵引与电制动的工作原理。

项目 8
辅助供电系统装置

内容概述

列车上除了牵引电动机需要主电路供电外,还有照明、空调、广播等用电设备。这些设备是由辅助供电系统提供电能的。辅助供电系统通过接收 1500V/750V 的高压直流电,并将其转换为各种形式的电能,为列车上的所有辅助用电设备提供稳定的电能。辅助供电系统的主要设备包括辅助逆变器、蓄电池充电器以及蓄电池等。其中,辅助逆变器用于提供三相 380V、50Hz 交流电和单相 220V、50Hz 交流电,满足列车上不同设备的用电需求;蓄电池充电器则负责提供 110V 直流电;而蓄电池则作为 110V 直流电的备用电源,确保在紧急情况下能够持续供电。这些设备通过一定的供电方式,将不同形式的电能分配给相应的用电设备,充分满足城市轨道交通车辆辅助供电的需求。辅助供电系统的设备组成关系如图 8-1 所示。

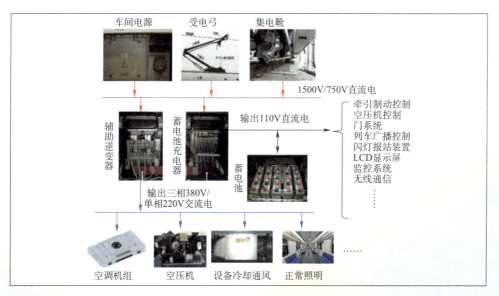

◎ 图 8-1 辅助供电系统的设备组成关系

知识目标

1. 熟悉辅助供电系统的作用和基本组成；
2. 熟悉辅助供电系统的电力来源和供电对象；
3. 掌握辅助逆变器、蓄电池充电器、蓄电池的结构和工作原理；
4. 掌握辅助供电系统的供电模式。

能力目标

1. 能识别城市轨道交通车辆辅助供电系统的设备；
2. 能指出辅助供电系统组成部件的安装位置；
3. 能识别辅助供电系统组成部件的结构；
4. 能理解辅助供电系统的工作原理。

素质目标

1. 培养规范意识和安全意识；
2. 培养主动学习新知识和新工艺的工作习惯；
3. 增强轨道交通行业的自豪感和认同感。

建议学时

4 学时。

单元 8.1　辅助供电系统概述

辅助供电系统是为列车除牵引系统之外的所有需要使用电力的负载设备提供电能的系统,是城市轨道交通车辆上必不可少的电气部分。

辅助供电系统一般通过受电弓从牵引供电接触网获得直流 1500V 的高压电,经辅助逆变器(SIV)转变为三相交流 380V 的电源和经蓄电池充电器转变为直流 110V 的电源供给列车用电设备。辅助供电系统的基本构成如图 8-2 所示。

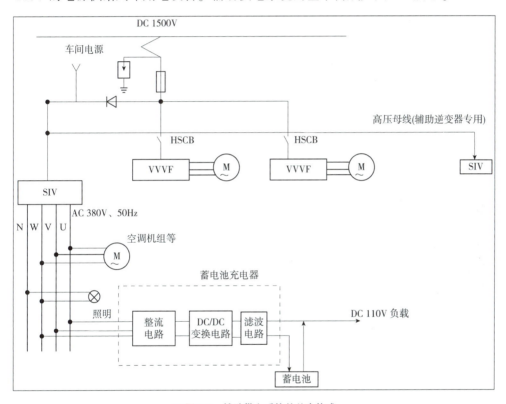

图 8-2　辅助供电系统的基本构成

一、辅助供电系统的电力来源

输入给辅助供电系统的高压电能(直流 1500V/750V)主要来自牵引供电接触网(或第三轨),经受电弓(或集电靴)进入列车。当高压电能无法来自牵引供电接触网(或第三轨)时,则可采用外接电源(如车间电源)进行供电。两种供电方式通过隔离开关进行切换,要求车间电源供电和受电弓供电之间相互联锁,不能同时向列车供电。

车间电源是列车的辅助受流设备,主要应用于列车在检修库内整车调试或部分设备带电检查。一般在检修车间内设有车间电源,通过列车车底高压箱中的车间电源插座(图8-3)和车库旁的耦合插头(图8-4)相连,将外部高压电能接入列车,为辅助供电系统提供电能。车间电源只能为辅助供电系统提供电能,不能为牵引系统供电,车间电源向列车供电时,列车必须处于静止状态。

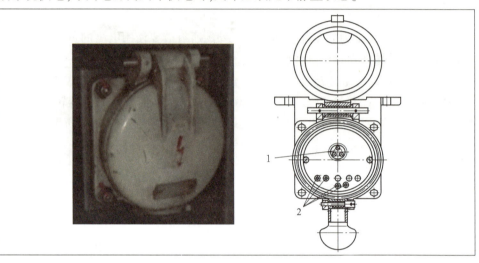

◎ 图8-3　车间电源插座

1-主触头;2-辅助触头

◎ 图8-4　车间电源耦合插头

当列车启动或有紧急情况(失去高压电源)时,列车没有高压电源,此时辅助供电系统由蓄电池作为直流备用电源,为列车提供DC 110V电能,保证列车启动直到受电弓升起,以及紧急情况下给紧急负载供电(如紧急通风、紧急照明等),保证列车的安全性能。

二、辅助供电系统的供电对象

辅助供电系统的供电对象很多,归纳起来主要包括三相交流380V及单相交流220V负载、直流110V负载、直流24V负载等。辅助供电系统负载情况见表8-1(不同车型会有差别)。此外,辅助供电系统还必须为列车控制系统提供不间断的电源,所以辅助供电系统是与牵引动力系统同等重要的系统。

辅助供电系统负载情况　　　　　　表8-1

三相交流380V及单相交流220V负载	110V负载		24V负载
空调(冷凝风机)	客室应急灯	列车广播控制	仪表灯
空调(压缩机)	司机室荧光灯	闪灯报站装置	防护灯
空调(压缩机)	运行指令	LCD显示屏	电笛

续上表

三相交流 380V 及单相交流 220V 负载	110V 负载		24V 负载
空调(通风机)	VVVF 控制	监控系统	刮雨器
空气压缩机	制动控制	PIDS 控制设备	ATP、ATO
司机室送风单元	空压机控制	无线通信	
客室照明	门系统	SIV 控制	
废排风机	外部指示灯	空调控制	
其他(包括方便插座)	客室内指示灯	蓄电池充电	
客室电热	头灯	紧急通风	
司机室电热			

单元 8.2　辅助供电系统的组成与原理

一、辅助供电系统的组成

根据辅助供电系统的电力来源和供电对象,我们知道辅助供电系统的工作过程就是将输入的 1500V/750V 直流电变换成 380V/220V 交流电、110V 直流电、24V 直流电等输出,并分配给列车上相应的用电设备,如图 8-5 所示。

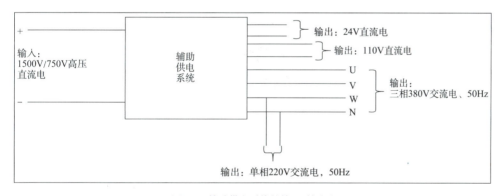

◎ 图 8-5　辅助供电系统的输入、输出电压

完整的辅助供电系统由逆变部分、变压器隔离部分和直流电源三部分组成。

(1)逆变部分:提供三相 50Hz、380V/220V 交流电源。核心装置是辅助逆变器(DC/AC 逆变装置),将波动的直流网压逆变为恒压恒频的三相交流电。

(2)变压器隔离部分:为了安全,避免相互影响,必须将电网上的高压与车内低压用电设备(尤其是常需人工操作的控制设备)在电气电位上实现隔离。通常采用变压器进行电气隔离,也可通过设计不同的匝数比来满足不同电压值的需要。

(3)直流电源(兼做蓄电池充电器):提供110V直流电源。核心装置是直/直变换器(DC/DC斩波装置),将输入直流电转换成110V直流电,也是蓄电池的充电器。

辅助供电系统的所有设备一般整体安装于车底辅助逆变箱内,其结构如图8-6所示。

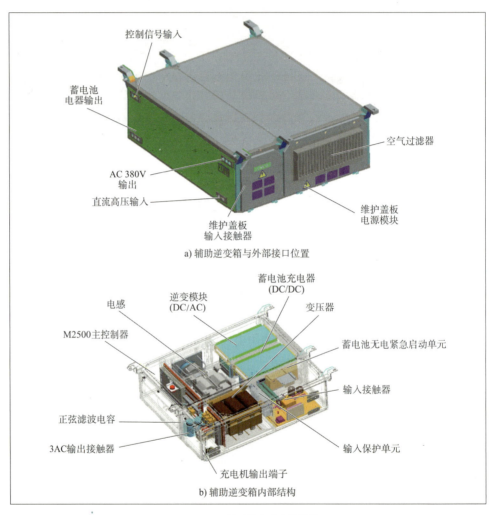

图8-6 辅助供电逆变箱结构

二、辅助供电系统的基本原理

典型的辅助供电系统原理简图如图8-7所示。它的工作过程是:当接触网高压电通过预充电单元、电感滤波后,变成相对稳定的电压进入逆变模块;逆变模块将输入的1500V直流电转换为一个三相620V、50Hz交流电,再经变压器将交流620V转换成交流380V;后续经过正弦滤波单元,输出稳定的三相380V、50Hz交流电,给空调机组供电等。当接触网高压电进入蓄电池充电器后,将输入的 1500V 直流电转换为 110V 直流电输出，再经过滤波单元稳定电压，供电给 110V 直流负载。

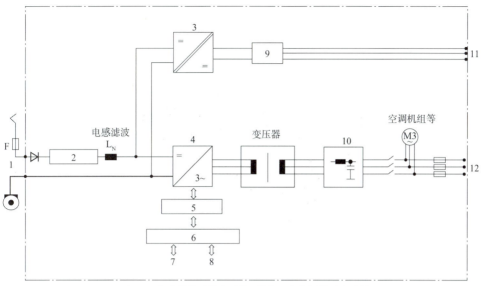

◎ 图 8-7　典型的辅助供电系统（带蓄电池充电器）原理简图

1-输入 1500V 直流电；2-预充电单元；3-DC/DC 变换器，即蓄电池充电器；4-逆变模块，DC/AC 逆变装置；5、6、7、8-逆变模块的控制单元及通信；9-EMI 滤波；10-正弦滤波；11-直流 110V 输出；12-三相交流 380V、50Hz 输出

车辆的每个单元一般只配置 1 个蓄电池充电器，所以有些辅助供电系统是不带蓄电池充电器的，其原理简图如图 8-8 所示。

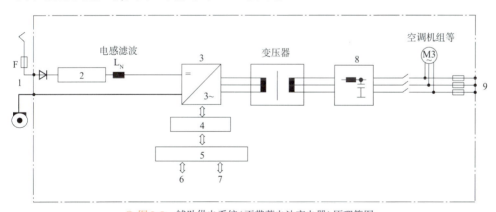

◎ 图 8-8　辅助供电系统（不带蓄电池充电器）原理简图

1-输入 1500V 直流电；2-预充电单元；3-逆变模块，DC/AC 逆变装置；4、5、6、7-逆变模块的控制单元及通信；8-正弦滤波；9-三相交流 380V、50Hz 输出

三、辅助逆变器

将交流电转变为直流电的过程是整流，将直流电转变为交流电的过程是逆变。列车的辅助逆变器就是一种将电网直流电转变为交流电的电子设备。

以庞巴迪车辆辅助逆变器为例，其结构如图 8-9 所示。辅助逆变器基本组成主要包括 1 个中间直流电容、三相逆变器、1 个过压保护三极管 IGBT、2 个过压保护电阻、1 个驱动控制单元 DCU/A、1 个供电单元、门极驱动、2 个输出电流传感器、1 个中间直流电压传感器和放电电阻。

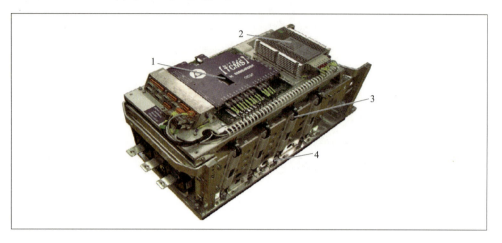

◎ 图 8-9　辅助逆变器

1-驱动控制单元 DCU/A；2-供电单元；3-中间电容；4-门极驱动及 IGBT

辅助逆变器负责给列车设备提供交流 380V 及交流 220V 电源，其工作原理与牵引逆变器总体类似，都是将高压直流电逆变成相对低压的交流电，区别在于：VVVF 牵引逆变器输出的交流电频率和电压都可变化，而辅助逆变器只能输出额定电压、额定频率的交流电。

辅助逆变器的工作在正常情况下不需要进行特殊操作，满足下列条件时辅助逆变器将自动启动：

（1）存在直流 110V 电源电压。

（2）存在输入高压直流电，并在正常范围内。

（3）已从列车控制器发出激活信号。

（4）辅助逆变器无故障。

知识拓展

"中国芯"IGBT

IGBT 全称为绝缘栅双极型晶体管（Insulated Gate Bipolar Transistor），具有可关断、损耗小和易于控制等优点，是地铁车辆逆变器的核心部件，能将 1500V 恒定电压转换为频率、幅值可调的三相交流电。国内地铁车辆使用的 IGBT 均为国外品牌，这些 IGBT 技术垄断，备件价格高昂、供货周期不确定，导致国内地铁车辆维修成本高。2008 年，株洲中车时代电气股份有限公司走出国门，成功收购英国丹尼克斯半导体公司 75% 的股权，紧接着在英国成立海外研发中心，成为我国第一家全面掌握 IGBT 芯片研发技术、模块封装测试和系统应用的企业。2014 年 6 月，我国首条 8 英寸 IGBT 专业芯片生产线在株洲投产，打破了国外对高端 IGBT 技术的垄断。2018 年，由株洲中车时代电气股份有限公司为中国标准动车组量身定做的 750A/6500V 高性能 IGBT 模块，完成测试验证与全部地面试验，将替代国外进口产品装备到中国标准动车组上，这意味着我国动车组装上具有我国完全自主知识产权的"中国芯"。同年，由株洲中车时代电气股份有限公司研发的一款国产 IGBT 装载在无锡地铁 2 号线列车上，并进行了在地铁行业的首次装车试运行。通过对该列车牵引系统开展动态性能调试、功能验证和电气性能试验、软件刷新、公里数验证、运行故障分析等一系列工作，各项试验及运行结果表明，国产 IGBT 性能完全可以满足车辆正常运行要求。无锡地铁在国内地铁行业率先安装国产 IGBT，上线运行载客，是推广普及国产 IGBT 技术的一次重要实践尝试。车辆核心部件国产化，对降低地铁车辆维修成本、进一步实现关键零部件国产化、实现自主化维修也具有重大意义。

单元 8.3　蓄电池充电器与蓄电池

一、蓄电池充电器

蓄电池充电器是将输入电压转换成 110V 直流输出电压的电子设备。在正常运行模式下，蓄电池充电器的主要功能是为列车全部的 110V 直流负载供电，同时给蓄电池充电。另外，110V 直流电还能被转换为 24V 直流电和 12V 直流电，用于驱动各种不同设备中的操纵和控制单元。

根据取流点的不同，蓄电池充电器一般分为独立式蓄电池充电器和非独立式蓄电池充电器两种。

1. 独立式蓄电池充电器

独立式蓄电池充电器一般应用于辅助逆变器分散式布置的城市轨道交通车辆上，其输入端直接连接在接触网网压下。

独立式蓄电池充电器供电框图如图 8-10 所示。

独立式蓄电池充电器基本结构如图 8-11 所示。

独立式蓄电池充电器的优点是不受辅助逆变器故障影响，直流供电回路可靠。

2. 非独立式蓄电池充电器

非独立式蓄电池充电器应用于辅助逆变器集中式供电的城市轨道交通车辆

上,其输入端连接在辅助逆变器的输出端。

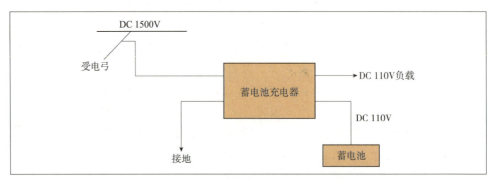

◎ 图 8-10　独立式蓄电池充电器供电框图

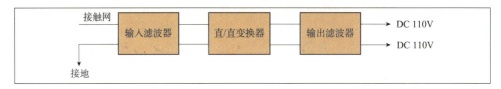

◎ 图 8-11　独立式蓄电池充电器基本结构

非独立式蓄电池充电器供电框图如图 8-12 所示。

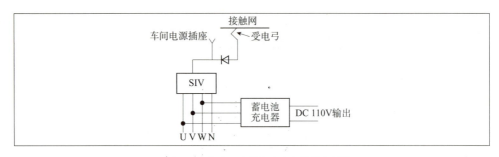

◎ 图 8-12　非独立式蓄电池充电器供电框图

非独立式蓄电池充电器的常见结构有两种,如图 8-13 所示。

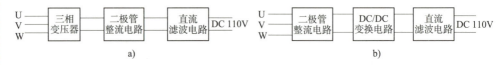

◎ 图 8-13　非独立式蓄电池充电器常见的两种结构

非独立式蓄电池充电器的特点是体积小、紧凑、质量轻、维护简单、可靠性高,但其工作受辅助逆变器影响。

3. 独立式蓄电池充电器和非独立式蓄电池充电器的主要区别

独立式蓄电池充电器输入的是接触网网压,需要将 1500V/750V 直流电变换成 110V 直流电,所以它的核心部件是直/直变换器(DC/DC 装置)。非独立式蓄电池充电器输入的是辅助逆变器输入的三相交流电,需要将交流电变换成 110V 直流电,所以它的核心部件是整流器(AC/DC 装置)。

二、蓄电池

1. 蓄电池的功能

蓄电池是能够储存电能的装置，在充电时储存电能，在放电时释放电能，两个过程是可逆的。城市轨道交通车辆（以地铁为例）安装有车载电池，即蓄电池，作为列车直流110V供电系统的备用电源。蓄电池的作用主要体现在以下两个方面：

（1）在列车启动时，为启动时的电气设备（如激活列车、升弓等）提供110V直流电能，直到蓄电池充电器开始工作后，通过蓄电池充电器进行充电，充满后会一直处于浮充电状态，直到蓄电池充电器不工作为止。

（2）在列车失去高压电源时，蓄电池能够为列车的监控设备、通信设备、紧急照明、紧急通风、头灯、尾灯等至少提供45min电能。除此之外，蓄电池还能为打开或关闭车门供电，且恢复高压供电后能够为实现列车启动提供工作电源。

2. 蓄电池的分类

目前城市轨道交通车辆所使用的蓄电池分主要为阀控式铅酸蓄电池（图8-14）和镍镉碱性蓄电池（图8-15），个别项目试验使用锂电池。

◎ 图8-14 阀控式铅酸蓄电池

◎ 图8-15 镍镉碱性蓄电池

3. 蓄电池的结构

城市轨道交通车辆的蓄电池组是由多个电池单体（图8-16）相互串联而成的，如图8-17所示。比如，广州地铁三北线列车采用阀控式铅酸蓄电池，每列车有两组蓄电池，分别位于两个单元B车车底，每组蓄电池由53个电池单体组成，每个蓄电池单体的额定电压为2V，单体浮充电压为2.27V，单体放电终止电压为1.75V，53个电池单体串联后工作电压为直流93~110V；广佛线每个蓄电池组装有78个电池单元，这些电池单元由金属连接片串联在一起，使蓄电池的额定电压达到93.6V及以上。

蓄电池一般安装在拖车车底的蓄电池箱内，因为体积比较大，每个单元安装有2个蓄电池箱，为蓄电池箱1及蓄电池箱2，箱子采用悬挂安装模式。比如，广州地铁三北线列车的53个电池单体，蓄电池箱1内共有23个电池单体，蓄电池箱2内共有30个电池单体。蓄电池箱配置位置示意图如图8-18所示。

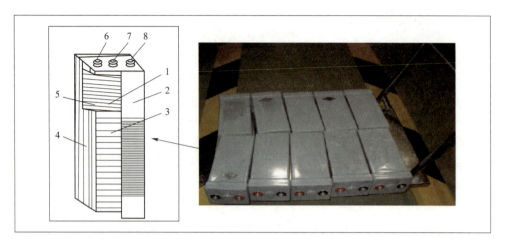

◎ 图 8-16　蓄电池单体

1-电解液；2-电槽；3-正极板；4-硬橡胶棍；5-负极板；6-负极板引线端；7-带有开关作用的螺栓塞；8-正极板引线端

◎ 图 8-17　蓄电池组

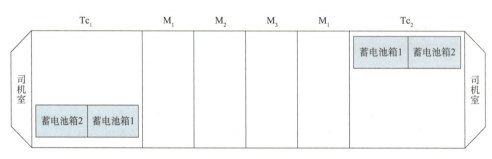

◎ 图 8-18　蓄电池箱配置位置示意图

知识拓展

在使用和维护蓄电池时,有以下几点安全注意事项:

(1)进行蓄电池使用和维护时,请用绝缘工具。蓄电池上面不可以放置任何金属工具,不能使用有机溶剂清洗电池,不要在蓄电池组附近吸烟或使用明火,所有的维护工作必须由专业人员进行。

(2)由蓄电池外部短路或其他原因引起电池起火时,使用干粉灭火器具进行扑灭。

(3)由于蓄电池组电压较高,存在着电击的危险,因此装卸、连接时应使用绝缘工具与防护,防止短路与电击。

(4)安装时应注意蓄电池的正、负极性,绝对不可接反,以免造成蓄电池短路。连接螺栓必须拧紧,拧紧螺母时力矩为 15N·m,以保证接触良好,脏污和松散的连接会导致电路接触不良或打火。

三、110V 直流供电系统

城市轨道交通车辆 110V 直流供电系统由蓄电池充电器和蓄电池提供。以常见的 6 节编组列车为例,由两台蓄电池充电器和两组蓄电池组组成两路冗余的 110V 直流供电系统,每一路都能够独立提供列车全部的直流负载用电,即当任一路蓄电池充电器或蓄电池出现故障时,可以由另一路对全部的直流负载进行一定时间的供电,保障列车的安全运行。城市轨道交通车辆 110V 直流供电网络示意图如图 8-19 所示,在正常情况下,直流负载是通过蓄电池充电器进行供电的,紧急情况下(列车没有 1500V 电源或两台充电机故障),则通过蓄电池为紧急负载供电,两台蓄电池之间通过二极管相互隔离。

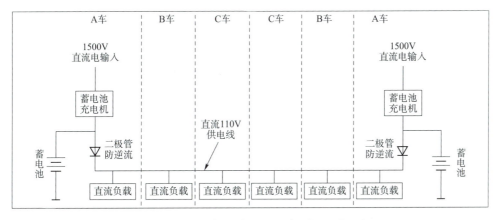

◎ 图 8-19 城市轨道交通车辆 110V 直流供电网络示意图

城市轨道交通车辆 110V 直流负载主要分为永久负载、紧急负载和一般负载三类,其供电原理框图如图 8-20 所示。

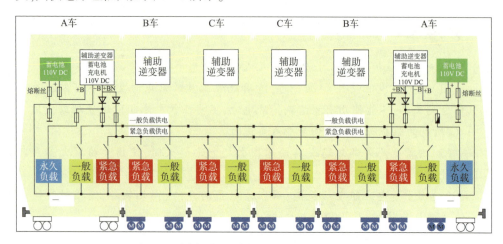

◎ 图 8-20　城市轨道交通车辆 110V 直流负载供电原理框图

永久负载(Permanent Loads):由蓄电池输出隔离开关控制,只要蓄电池有电,永久负载线便有电。为了通过司机室里一个开关激活列车,即使列车在没有激活的状态下,永久负载列车线也必须一直有电。永久负载主要包括列车激活、列车激活监控环路等。

紧急负载(Emergency Loads):也叫电子负载,在没有升弓时由蓄电池供电,升弓后辅助供电系统工作时直接由蓄电池充电器供电。它拥有自己独立的供电线路,是为了预防在关断高电感负载时出现的峰值电流流入电子负载单元。紧急负载主要包括 VCU、EBCU、MMI 显示屏、ATC1(电器)、ATC2(电器)、ATC 显示屏、数据传输电台和声控通信电台等。

一般负载(Normal Loads):能承受高开关电流的普通负载,只有列车激活升弓后,才会由蓄电池充电器提供输出。一般负载主要包括风挡玻璃除霜器、风挡玻璃刮雨器、正常照明 1、正常照明 2、LED 动态地图、TFT(LCD)显示器和视频驱动单元等。

单元 8.4　辅助供电系统的供电模式与列车启动关闭

一、辅助供电系统的供电模式

1. 分散供电和集中供电

(1)分散供电。

城市轨道交通车辆很多采用二动一拖(3 节车辆)构成一个单元,由两个单元(6 节编组)编组成一列车的方式。列车的每辆车均配备一台辅助逆变器,每个单元共用一台直流 110V 的控制电源。这种每个单元配备多个辅助逆变器的供电方式称为分散供电方式。比如,某地铁三北线列车,每节车都有一个辅助逆变单元 DC/AC(共 6 个),把 1500V 的直流电转换为三相 380V 交流电提供给空压机、空调设备、设备通风装置、司机室通风装置以及 220V 方便插座等;同时,每个 B 车一个 DC/DC(共两个),与 B 车辅助逆变器集成在一个箱体内,把 1500V 的直流电转换为 110V 直流电,为整列车提供 110V 直流电源,并负责给列车蓄电池充电。分散供电列车辅助供电系统布置(某地铁三北线列车)如图 8-21 所示。

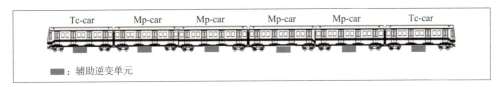

◎ 图 8-21 分散供电列车辅助供电系统布置(某地铁三北线列车)

分散供电列车辅助供电系统工作状态可以在驾驶台车辆显示屏(HMI)上显示,如图 8-22 所示,其图标含义见表 8-2。

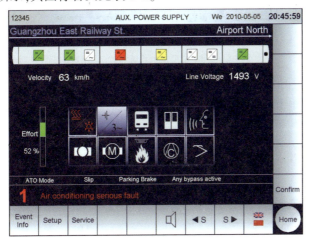

◎ 图 8-22 列车辅助供电系统(分散供电)HMI 画面

列车辅助供电系统 HMI 画面图标含义　　　　　　　　表 8-2

优先级	图标	指示状态
	⌀～ DC/AC 装置,辅助逆变器;	⌀= DC/DC 装置,蓄电池充电器
1	🟥～ / 🟥=	红色:辅助电源故障(严重)
2	🟨～ / 🟨=	黄色:辅助电源警告,并处于受限运行状态(中度/轻微故障)
3	🟩～ / 🟩=	绿色:辅助电源正在正常条件下工作运行,无故障

续上表

优先级	图标	指示状态
4	=/~ / =/=	白色:辅助电源断电,无故障

(2)集中供电。

列车每个单元只配一台辅助逆变器,同时每个单元共用一台直流110V的控制电源,这种供电方式称为集中供电方式。比如广州地铁3号线列车,其辅助供电系统布置如图8-23所示,其中辅助箱位于拖车B车的地板下,整个系统分为辅助系统1和辅助系统2,两个部分采用位置对称式设计,功能上互为冗余。

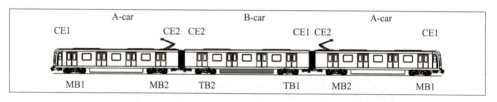

图8-23 集中供电列车辅助供电系统布置(广州地铁3号线列车)

(3)分散供电和集中供电列车对比。

一般分散供电和集中供电列车辅助供电设备的安装位置与数量见表8-3。

辅助供电设备的安装位置与数量　　　表8-3

供电方式	设备名称	拖车(A车)	动车(B车)	动车(C车)	动车(C车)	动车(B车)	拖车(A车)
分散供电	辅助逆变器	1	1	1	1	1	1
	蓄电池充电器		1			1	
	蓄电池组	1					1
	车间电源插座		1			1	
集中供电	辅助逆变器		1			1	
	蓄电池充电器		1			1	
	蓄电池组	1					1
	车间电源插座		1			1	

这两种供电方式各有优缺点。分散供电冗余度大,均衡轴重好配置,但造价较高,总质量也会较重;集中供电冗余度小,每轴配重难以一致,但相对而言,总质量会较轻,成本较低。

2.交叉供电和扩展供电

(1)交叉供电。

当列车有2台或多台辅助逆变器时,可以设置两套贯穿整列车的三相母线,分别与一半的辅助逆变器相连接并进行供电;再将列车每节的交流负载根据功率平均分配为两组,分别接到对应两套的三相母线上。这种供电方式称为交叉供电,如图 8-24 所示。

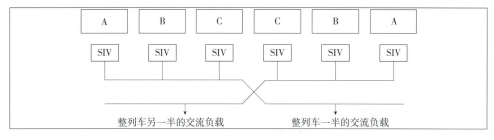

◎ 图 8-24　交叉供电方式简图

交叉供电方式在正常工作时,每一组辅助逆变器负责为一套三相母线供电,即为每节车的一半交流负载供电。当一组辅助逆变器故障时,每节车的一半交流负载将失去供电,但还有一半负载不受影响。比如,客室的空调机组、照明等采用这种供电方式,在一组辅助逆变器故障时,本客室还有一半的空调机组、照明在正常工作,保障一定的安全,减少故障率。

(2) 扩展供电。

列车上设置仅有一套主干线贯穿整列车的三相母线,将两台辅助逆变器均连接到该线路上,在两个单元的三相母线之间设置扩展供电单元,这种供电方式称为扩展供电,如图 8-25 所示。

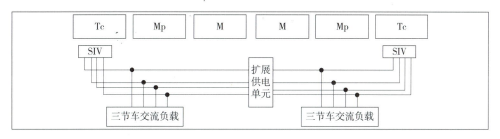

◎ 图 8-25　扩展供电方式简图

扩展供电单元由三相交流接触器和继电器组成,可以控制接通和断开。当两台逆变器都正常工作时,扩展供电单元处于断开状态,此时每台辅助逆变器仅为本单元的交流负载设备供电;当一台辅助逆变器故障时,通过网络控制系统切除部分交流负载设备,并控制扩展供电单元处于接通状态,此时由另一台辅助逆变器为整列车的部分交流负载设备供电,保证列车安全运行。

二、列车的启动和关闭

1. 列车的启动

城市轨道交通车辆的启动主要包括以下程序:

(1) 用主控制器钥匙从司机室侧门进入司机室。

(2)列车激活:也叫蓄电池激活,将安装在司机室电气柜面板上的自复位旋转开关"列车激活"(72-S101)(图8-26)旋转至"合"位激活列车(蓄电池能量已提供给列车)。此时不受司机室钥匙控制的直流负载应得电,包括制动控制单元(网关阀、智能阀)、辅助逆变器控制、牵引箱控制、SIBAS列车网络系统(HMI无显示)、火灾报警系统、无线电台系统、PIS(乘客信息系统)、紧急照明、司机室照明、空调控制器、门控制器、ATC系统等。

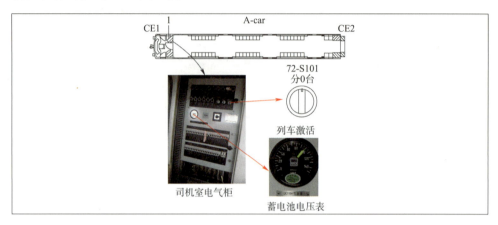

图8-26 列车激活设备

(3)检查蓄电池电压表上显示的蓄电池电压,并确认电压为110V。要求蓄电池电压≥93V,如果蓄电池电压低于93V,必须通过充电机应急启动瞬动按钮来启动列车。

(4)司机室激活:又称驾驶台解锁或司机室占有,将主控制器钥匙插入驾驶台的钥匙开关并且打到"分"位。这时,停放制动施加启动按钮被点亮,表示停放制动已经施加;受电弓降下按钮被点亮,表示受电弓都是降下的;驾驶台面板各显示器也开始点亮,列车开始初始化,同时尾灯、通信设备、车门控制等系统被激活。通常一列车被设计为只能激活一个司机室,遵循司机室先激活先占用原则。

(5)按下驾驶台面板上的灯测试按钮,检查驾驶台面板上的所有指示灯是否都可以工作;检查空气制动缓解指示灯、空气制动施加指示灯,指示灯点亮即认定为正常。

(6)按下受电弓升弓按钮,将受电弓升弓。受电弓一旦升弓,升弓按钮将被点亮,表示受电弓已经升弓。一旦受电弓升起并开始工作,辅助供电系统将自动启动,并按照先后顺序将空气压缩机和空调进行初始化(大约间隔1min)。

后续进行空调、照明灯、显示屏、车外车内设备、车门功能、制动功能、警惕系统、紧急停车按钮试验等一系列整备作业,完成启动程序。

在列车启动过程中,列车各用电设备的供电顺序大致如图8-27所示。

2.列车的关闭

(1)蓄电池关闭。

在断开高速断路器,降下受电弓后,用主控制器钥匙将钥匙开关打到"关"位,关闭驾驶台。当把"列车激活"（72-S101）打到"分"位时，蓄电池关断。

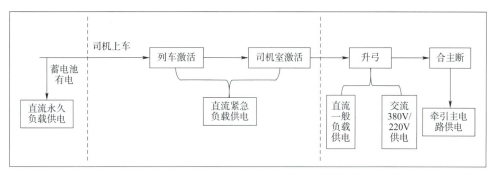

图8-27　列车各用电设备的供电顺序

(2)蓄电池充电器和辅助逆变器的关断。

在列车激活状态下，如果输入高压电中断或过低，蓄电池充电器和辅助逆变器立即停止工作(当输入高压电在数秒内恢复到有效值时，它们都自动回到工作状态)。如果蓄电池关断，则蓄电池充电器和辅助逆变器关断。

做一做

(1)辅助供电系统设备查找。请你通过对辅助供电系统装置的学习，在学校实训车辆上查找表8-4中的设备，并描述它们的安装位置和功能。

辅助供电系统设备查找　　　　　　　　表8-4

序号	结构名称	安装位置	功能
1	辅助逆变器	□A车　□B车　□C车	
2	蓄电池充电器	□A车　□B车　□C车	
3	蓄电池	□A车　□B车　□C车	
4	车间电源	□A车　□B车　□C车	

(2)蓄电池认知。根据学校实训蓄电池箱设备，识别各结构名称，并写出其数量和作用，完成表8-5。

蓄电池认知　　　　　　　　表8-5

序号	结构名称	数量	作用
1	蓄电池单体		
2	绝缘条		
3	温度传感器		
4	熔断器		

复习思考题

一、选择题（含单选和多选）

1. 城市轨道交通车辆辅助供电系统提供的电源包括（　　）。
   A. AC 380V　　B. AC 220V　　C. DC 110V　　D. DC 24V
2. 下列哪些设备是城市轨道交通车辆辅助供电系统的供电对象？（　　）
   A. 牵引电动机　　　　　　　　B. 牵引电动机控制单元
   C. 空调　　　　　　　　　　　D. ATC
3. 独立式蓄电池充电器的核心部件是（　　）。
   A. DC/DC 装置　　B. DC/AC 装置　　C. AC/DC 装置　　D. AC/AC 装置
4. 下列属于永久负载的是（　　）。
   A. VCU　　　　　B. 紧急照明　　　C. 列车激活　　　D. ATC 显示屏

二、判断题

1. 辅助供电系统可给牵引电动机供电。（　　）
2. 城市轨道交通车辆的辅助逆变器输出变频变压三相交流电，供空调、风扇等设备使用。（　　）
3. 集中式辅助供电系统需要扩展供电电路。（　　）
4. 辅助供电系统由逆变部分、变压器隔离部分、直流电源三部分组成。（　　）
5. 城市轨道交通车辆的蓄电池组是由多个电池单体相互并联组成的。（　　）
6. 温度对蓄电池容量没有影响。（　　）
7. 独立式蓄电池充电器不受辅助逆变器故障影响，直流供电回路可靠。（　　）
8. 列车正常运行时，蓄电池处在浮充电状态。（　　）

三、简答题

1. 辅助供电系统由哪几个部分组成？各部分的作用是什么？
2. 辅助供电系统的主要交流负载有哪些？
3. 画出辅助供电系统的供电框图。
4. 主蓄电池的作用是什么？
5. 蓄电池充电器按实现方式分为哪两种？各有什么特点？

项目 9
乘客信息系统

内容概述

乘客信息系统(Passenger Information System,PIS)是城市轨道交通运营商运用现代科技成熟可靠的网络技术、多媒体技术、显示技术等手段为乘客提供信息交流,并且保证对车站及车上乘客进行高层次控制而建立的一个乘客信息服务系统。乘客信息系统依靠车辆通信系统为运营、管理及维修人员或其他系统设备进行信息传输,如语音、数据、图像等电信号在一定的距离进行通信。乘客信息系统的服务范围包括运营控制中心、车站、车辆段、站内及沿线。乘客信息系统的组成如图 9-1 所示。

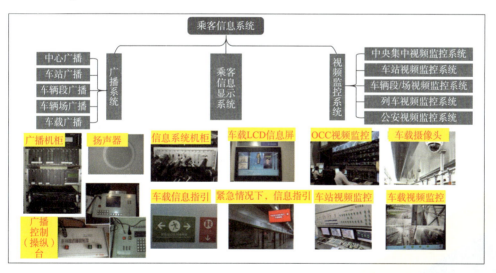

◎ 图 9-1 乘客信息系统的组成

知识目标

1. 掌握城市轨道交通乘客信息系统的功能；
2. 掌握列车广播通信系统的构成与操作；
3. 掌握乘客信息显示系统的功能及操作；
4. 了解列车监控系统的功能及构成。

能力目标

1. 能识别乘客信息系统的组成；
2. 能根据乘客信息系统设备标识找到相应的通信设备；
3. 能掌握乘客信息显示系统与监控系统的功能。

素质目标

1. 了解乘客信息系统在城市轨道交通安全运营中的作用，树立安全意识；
2. 培养主动学习新知识、新工艺、新标准的习惯；
3. 增强从事城市轨道交通行业的认同感与自豪感。

建议学时

4学时。

单元 9.1 乘客信息系统概述

一、乘客信息系统的构成

乘客信息系统是多个独立子系统的组合。

(1)乘客信息系统从结构上可以分为中心子系统、车站子系统、车载子系统和网络子系统四个系统。

(2)乘客信息系统从控制上可以分为信息源、中心播出控制层、车载播出控制层和车载播出设备。

(3)乘客信息系统从功能上可以分为列车广播系统、乘客信息显示系统、视频监控系统(Closed Circuit Television,CCTV)和信息收发系统。

(4)乘客信息系统从使用场合上可以分为车站乘客信息系统和车载乘客信息系统,如图 9-2 所示。

a)车站乘客信息系统

b)车载乘客信息系统

图 9-2　车站和车载乘客信息系统

乘客信息系统的使用

其中,车载乘客信息系统包含:

(1)列车广播系统:主要为乘客提供高质量的音频和文本信息。

(2)车载乘客信息显示系统:为乘客提供列车运行资讯的重要系统。

(3)车载视频监控系统:通过安装在司机室与客室车厢内的监控摄像机,对客室车厢内的人员活动情况进行监控记录,司机可通过司机室内的 LCD 触摸屏对车厢内乘客的情况进行实时监视,每节客室的视屏信息分别储存在本单元或本客室的车载监控网络硬盘录像机中。

二、乘客信息系统的功能

乘客信息系统可以在常态下为乘客提供乘车须知、服务时间、列车到发时间、列车时刻表、管理者公告、政府公告、出行参考、航班信息、媒体新闻、赛事直播、广告等实时动态多媒体信息;在火灾、阻塞及恐怖袭击等非常态下,为乘客提供动态紧急疏散服务信息。

1. 列车服务信息显示功能

控制中心实时接收列车自动监控系统(ATS)的服务信息,提供到站事件、运行方向、阻塞/异常、特别服务等信息。

2. 实时信息显示功能

该功能可提供新闻、天气、通告等信息。

3. 录播功能

系统可以根据事先编辑设定好的播出列表自动进行资讯的播出,播出列表可以为日、周、月,播出无须人为操作。

4. 时钟显示功能

可以读取时钟系统的时钟基准,并同步整个列车设备的时钟,确保终端显示屏幕时钟的准确性。

5. 公益信息宣传及广告运营功能

可以引用一个多媒体形象的展示平台,通过视频、图片、文字的播出,为城市带来更多的形象宣传。

◎ 图9-3　显示终端播放紧急事件通知

6. 紧急事件通知功能

预先设定多种紧急告警模式,如火警、恐怖袭击等。当指定灾难发生时,由自动告警系统或人工触发,进行紧急告警模式,此时相应的终端显示屏播放乘客告警信息及人流疏导信息。当发生非预期灾难时,通过中心操作员或工作站操作员工作,可以即时编译各种告警信息,并发布至指定的终端显示屏播发乘客警告信息及人流疏导信息,如图9-3所示。

单元9.2　列车广播系统

广播系统是将各种语音信息传送到用户的一种通信方式,它具有快速响应的能力。城市轨道交通中使用的广播系统不同于大型娱乐中心、铁路车站、民航机场等地的广播系统,它可以通过控制中心的操作终端指挥整条线路的广播,使整条线路中的每个车站、每辆车的广播系统既独立又统一。

一、列车广播系统的组成和功能

列车广播系统向广大乘客发布有关列车时间、车次变动、列车延时、行车安全、紧急情况以及突发事件等信息。

1. 组成与分布

整个系统包括机柜、广播台、扬声器三部分。

（1）机柜分布在列车 A 车上。

（2）广播台一般设置在驾驶台上。

（3）扬声器一般根据需要安装在每节车的车顶位置或者通道门两侧。

2. 功能

（1）控制中心对司机和乘客进行无线电广播。

由控制中心（OCC）通过列车无线电直接向乘客进行广播，广播不受司机干预，可通过司机室扬声器和客室扬声器向整个列车进行广播，如图9-4 所示。

（2）司机室对讲。

按下激活端司机室操作台上的司机室对讲按钮并保持，呼叫方即可对着麦克风讲话。此时，被呼叫方可通过司机室的监听扬声器听到呼叫方的声音。释放按钮，司机室对讲结束。在非激活端司机室可以进行同样的操作，如图9-5 所示。

◎ 图9-4　控制中心对司机和乘客进行无线电广播

◎ 图9-5　司机室对讲

（3）司机与乘客之间的紧急对讲。

①单个乘客紧急报警器报警。

按下客室任意一个紧急报警器的报警按钮（图9-6），此时该报警器的"呼叫"指示灯和激活端驾驶台乘客对讲按钮的背光灯都闪烁，提示报警；司机室扬声器同时发出报警提示音。司机按下乘客对讲按钮应答，此时驾驶台上的按钮背光灯由闪烁变为常亮，驾驶台上的复位按钮指示灯亮起。同时，紧急报警器上的"呼叫"指示灯由闪烁转

◎ 图9-6　客室紧急报警器

为常亮,"讲"指示灯亮起。

乘客可以对着紧急报警器上的麦克风讲话,司机通过司机室扬声器监听乘客讲话。

司机按下乘客对讲按钮并保持,对着鹅颈话筒与乘客通话。此时,乘客报警器上的"讲"指示灯熄灭,"听"指示灯亮起;乘客可以通过紧急报警器上的内置扬声器听到司机的声音。

通话结束后,司机按一下复位按钮,结束讲话。

②多个紧急报警器报警。

当有多个紧急报警器被触发时,司机可通过按下乘客对讲按钮按先到先通的原则顺序接通每个紧急报警器。列车内所有紧急报警器的状态在司机室的 HMI 上都有显示。

(4)人工广播(司机对客室广播)。

司机可按下驾驶台上的广播按钮,当客室广播按钮上的指示灯亮起时,保持广播按钮处于按下的状态,司机即可对着麦克风进行广播,司机释放广播按钮,结束人工广播,如图 9-7 所示。

(5)列车连挂操作。

两列车连挂救援时,可以实现救援车与被救援车的广播系统统一,救援车与被救援车的动态地图、LED、LCD 显示全部统一,4 个司机室之间可通话以及主控司机室对所有客室的广播。

(6)紧急信息广播。

当出现紧急情况时,司机可以通过 HMI 选择预存在音频控制系统单元(ACSU)内的紧急广播内容向乘客广播,客室扬声器如图 9-8 所示。

图 9-7　人工广播　　　　　　　图 9-8　客室扬声器

(7)数字报站。

列车数字报站包括自动报站、半自动报站和手动报站等广播功能。

①自动报站:在 ATO 模式和 PC 模式有效的情况下,PIS 根据 ATC 系统发来的信号进行自动数字报站,此过程不需要司机进行手动干预。

②半自动报站:在 ATO 模式和 PC 模式无效的情况下,需要司机在 HMI 上设定好起始站和终点站,PIS 可根据列车控制系统通过 MVB 发送的速度信号自行计算距离进行报站。可通过 PIU 维护软件设置和调整报站信息的播报距离或

时间。

③手动报站：在 MVB 网络通信故障的情况下，司机可先在 HMI 上选择线路并设置好起始站和终点站，在每一站都可通过 HMI 上的■软按键触发预报站广播。如发现报站广播有误，司机可进行"跳站控制"，即可以通过 HMI 上的■软按键人为调整到上一站站点，在更改站后，HMI 将显示上一站。PIS 将不启动任何广播信息。

二、列车广播系统的优先级

PIS 支持广播优先级控制功能，可以设定不同的广播方式的优先级别，在高级别的通信要求到来时，正在播送的低一级的通信立即中断，而在高级别通信结束后自动恢复。低级别的广播通信不能打断高级别广播通信，需要等候高级别广播通信结束后才能开始。根据运营需要，用户可以灵活地修改、增删优先级别，通过广播控制台可进行优先级的设置。

优先级从高到低排列如下：
(1) 控制中心对司机和乘客的无线电广播。
(2) 司机室对讲。
(3) 司机与乘客之间的紧急对讲。
(4) 人工广播（司机对客室广播）。
(5) 紧急信息广播。
(6) 数字报站。

三、列车广播系统后台操作

列车广播系统使用装有特定文件的 U 盘可以实现下列操作：
(1) 语音文件更新。
(2) 软件升级。
(3) 紧急对讲录音下载。
(4) 广播语音下载。
(5) 广播日志文件下载。

单元9.3　乘客信息显示系统

乘客信息显示系统作为一套实现以人为本、进一步提高城市轨道交通为乘客服务质量、加快各种信息传递及实现列车视频监控的重要系统设施，已成为城市轨道交通中不可缺少的信息传递窗口。该系统的应用极大地提高了地铁运营管理及经营开发水平，同时扩大了对乘客的有效服务范围。

一、客室 LED、LCD 图文显示

在每一个客室车门上方或每一节列车两端通道上方,显示前方站点与所到站点等中英文信息,图文显示屏上显示的内容与语音报站内容同步。可以采用平移、翻页、渐变等多种形式显示各种文字和点阵式图文,如图 9-9、图 9-10 所示。

◎ 图 9-9　客室 LED 图文显示

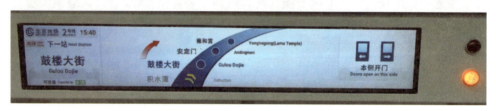

◎ 图 9-10　客室 LCD 图文显示

二、动态线路显示

在每一个客室车门上方的动态显示屏上显示列车当前运行的位置与列车将要到达的下一站,还可以显示列车的线路与运行方向,在需要时还可以显示换乘站和用于换乘的线路等信息。LCD 动态线路显示如图 9-11 所示。

◎ 图 9-11　LCD 动态线路显示

三、客室的 LCD 彩色图文显示

每节车厢设有 6 台 LCD 彩色图文显示屏,安装在客室窗户的左侧,如图 9-12 所示,可以显示以下内容:

(1)通过无线网络传送到车上的媒体信息实时播放。

(2)车载 LCD 控制器硬盘上的媒体信息播放。

(3)从 ATS 上获取的关于下一站名称、终点站名称和到达时间等信息的播放。

图9-12 客室的LCD彩色图文显示屏

单元9.4 视频监控系统

视频监控系统是城市轨道交通系统运营管理的配套设备,供控制指挥中心调度管理人员、车站值班员、站台工作人员及司机实时监视车站内的运营情况和乘客的安全情况,及时记录发生突发事件的现场情况,以提高运行组织管理效率,保证列车安全。

一、视频监控系统构成

视频监控系统由监控主控板(DCB)、监控存储板(DRB)、交换机板(SWB)、司机室摄像机(CCAM)、客室摄像机(SCAM)、监控触摸屏(STCU)组成,完成整车视频录像、监控轮询和视频回放。

司机室设置1~3台红外半球摄像机,1台行车摄像机,1~2台用于司机室操作;各客室设置2~4台防爆半球摄像机,采用数字化视频处理技术,用H.264压缩格式的高压缩比编码技术,将模拟视频信号通过监控编码板进行数字编码,通过环网交换机传输至监控存储板,进行自动记录的同时在司机室监控屏上显示,供司机实时监视客室内的情况及进行数据备案查询。车辆监控主控板可以兼做车辆以太网的管理服务。

视频监控系统的所有设备采用统一的时钟源,各节点时钟误差小于0.5s。时钟源与列车控制系统同步。

二、视频监控系统功能

1. 视频监控存储

由安装在司机室和客室的摄像头采集的视频图像经客室控制机柜PACU(乘客广播通信单元)编码后通过以太网和ACSU传输到视频监控与存储主机进行存

储,如图 9-13 所示。

2. 视频监控显示

由安装在司机室和客室的摄像头采集的 14 路视频图像将在司机室触摸屏四分屏轮询显示,如图 9-14、图 9-15 所示。

◎ 图 9-13 视频服务器

◎ 图 9-14 视频图像

3. 视频监控联动

当紧急情况(紧急对讲、紧急开门、火灾报警等)发生时,司机可以选择触发司机室触摸屏显示器(全屏或四分屏显示)发生紧急事件所在车厢的图像。

三、司机室触摸屏的操作

1. 预览界面状态

主预览界面如图 9-16 所示,左侧和下方有两个自动隐藏式操作栏,当单击司机室触摸显示屏或鼠标时,自动弹出,再次点击后隐藏。主预览界面中的图标功能和操作方法见表 9-1。

◎ 图 9-15 四分屏显示

◎ 图 9-16 主预览界面

主预览界面中的图标功能和操作方法　　　　表 9-1

图标	功能	操作方法
▢	单画面预览	单击图标后,全屏显示

续上表

图标	功能	操作方法
⊞	多画面预览	单击图标后，弹出分屏种类选择，可进行4分屏、6分屏、8分屏和16分屏显示
↻	自动轮询	单击图标后监控画面按照一定顺序轮流切换
⏸	暂停轮询	暂停轮询切换
🔧	设置	进入配置界面
📹	摄像头选择	单击后，弹出相应的车厢画面

2. 视频回放

录制好的视频图像可按时间、日志信息回放，并可进行单帧画面和电子放大画面的回放。录像查询界面如图9-17所示，具体操作如下。

 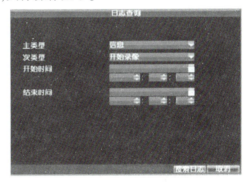

图9-17　录像查询界面

（1）按时间回放。

按时间回放是指按录像生成的时间回放，播放指定时间段的录像文件，支持多通道同步回放。

操作方法：进入录像查询界面（路径：设置→主菜单→录像查询）；设置查询条件，选择"播放"进入回放界面，可通过下方回放工具栏对回放过程进行控制。录像回放工具栏说明如图9-18所示。

注：回放进度条下方为录像类型，"■普通"为普通录像类型，"■事件"为事件录像类型。

（2）按日志信息进行回放。

日志信息中，若选择的日志有通道号，且所对应的时间点有录像文件即可进行播放。

操作方法：进入日志查询界面（路径：设置→主菜单→维护管理→日志查询），

选择"搜索日志",选择日志信息,选择"播放",进入回放界面。

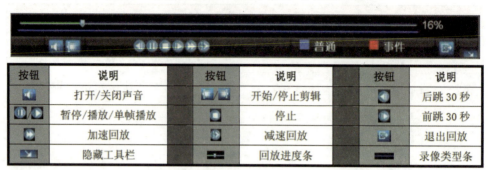

◎ 图9-18 录像回放工具栏说明

① 单祯回放。当有事件发生时,可通过单帧回放来查看画面的细节变化。

操作方法:进入回放界面,单击 ,将播放速度调整为"单帧",在回放画面上单击,每单击一次播放一帧画面;或者单击回放工具栏 ,每单击一次播放一帧画面。

② 电子放大。在回放过程中,通过菜单进入电子放大界面,移动红色区域,可将画面放大4倍。

3. 报警

当有火灾报警、紧急开门、乘客报警等紧急事件时,画面自动切换到全屏显示高优先级的视频,采集画面自动从8帧/s调整到25帧/s,同时图像上有图标显示报警状态。图标显示报警状态说明见表9-2。

图标显示报警状态说明　　　　　　　　　　　　　　表9-2

图标	状态说明
	异常报警(包括视频丢失报警、初步遮挡报警、视频移动侦测报警、开关量报警)
	录像(包括手动、定时、移动侦测、报警、动测和报警、动测或报警录像)
	异常报警和录像

多个报警都能在报警菜单上显示,司机可通过报警菜单选择想查看的摄像头,并可手动退出全屏报警。

三种紧急情况优先级默认设置从高到低为火灾报警、紧急开门、乘客报警,优先级可手动配置。

复习思考题

一、选择题（含单选和多选）

1. 以下哪几种操作方式是错误的？（　　）
   A. 在副控端发起司机对讲　　　　B. 在紧急对讲过程中进行司机对讲
   C. 同时按下多个 PECU 进行报警　D. 更新软件过程中降弓
2. 通过 U 盘可进行哪些操作？（　　）
   A. 语音文件更新　　　　　　　　B. 软件升级
   C. 紧急对讲录音下载　　　　　　D. 地址配置文件下载
   E. 广播语音下载　　　　　　　　F. 系统运行记录数据下载
3. 安装在司机室和客室的摄像头采集的共（　　）路视频图像将在司机室触摸屏四分屏轮询显示。
   A. 13　　　　B. 14　　　　C. 15　　　　D. 16

二、判断题

1. 由控制中心通过列车无线电直接向乘客进行广播,广播不受司机干预,可通过司机室扬声器和客室扬声器向整个列车广播。（　　）
2. 每节车厢设有 4 台 LCD 彩色图文显示屏,安装在客室窗户的左侧。（　　）
3. 在广播的过程中,高优先级的广播可以打断低优先级的广播。（　　）

三、简答题

1. 简述列车广播系统的作用与功能。
2. 简述列车为乘客提供的五种通信方式及优先级(从高到低)。
3. 简述目前乘客信息显示系统的组成。

项目 10
空调系统

内容概述

为提高乘客舒适度、改善乘车环境,城市轨道交通车辆空调是车辆客室内空气调节的主要手段。从技术角度来看,车辆的空气调节是一项重要技术,是现代轨道交通车辆先进技术的重要体现。城市轨道交通车辆空调系统的组成如图 10-1 所示,其基本功能即在夏天使客室降温(制冷),冬天能使客室升温(采暖),并尽可能满足"头凉足暖"的循环送风原则,同时能补充新鲜空气(新风)或净化空气。

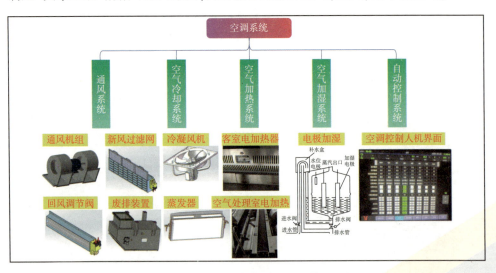

○ 图 10-1 城市轨道交通车辆空调系统的组成

知识目标

1. 掌握城市轨道交通车辆空调系统的组成；
2. 掌握城市轨道交通车辆空调制冷的原理；
3. 了解城市轨道交通车辆空调相关技术参数；
4. 了解城市轨道交通车辆空调系统的控制。

能力目标

1. 能识别城市交通车辆空调系统的主要设备；
2. 能根据列车设备标示找到相应的空调设备；
3. 能操作 HMI 空调界面调整客室温度。

素质目标

1. 了解空调系统在城市轨道交通中的作用，树立节能意识；
2. 增强轨道交通行业的自豪感和认同感。

建议学时

6 学时。

单元 10.1　空调系统概述

一、总体介绍

每列车为 6 节编组，每车设置 2 台客室空调机组和 1 台控制盘，每个车头设置 1 个通风单元，另外还有车厢内的风道系统和废排装置等，如图 10-2 所示。

a）客室空调控制柜

b）司机室通风机组

c）客室空调机组

◎ 图 10-2　车辆空调配置

二、空调机组位置布置

空调机组在列车上的位置布置如图 10-3 所示。

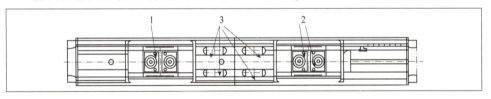

◎ 图 10-3　空调机组在列车上的位置布置
1—一单元空调机组；2—二单元空调机组；3—客室废气排放口

三、城市轨道交通车辆空调系统的组成

城市轨道交通车辆空调系统由通风系统、空气冷却系统（也称制冷系统）、空气加热系统、空气加湿系统、自动控制系统组成。

1. 通风系统

通风系统将车外新鲜空气吸入并与车内再循环空气混合，在滤清灰尘和杂质后，再压送分配到车内，同时排出车内多余的污浊空气，以保证车内空气的洁净度以及合理的流动速度和气流组织。通风系统一般由通风机组、空气滤清器、新风口、送风道、回风口、回风道以及排废气口等组成。

2. 空气冷却系统

空气冷却系统(也称制冷系统)对车内的空气进行降温、减湿处理,使车内空气的温度与相对湿度保持在规定的范围内。空气冷却系统工作时,蒸发器将要送入车内的空气冷却。由于蒸发器表面的温度低于空气的露点温度,空气中的部分水蒸气就会凝结成水滴,形成我们通常所说的"空调水"。因此,空气在通过蒸发器冷却的同时也得到了减湿处理。为保证空气制冷系统安全、有效地工作,空气制冷系统除配有压缩机、蒸发器、冷凝器、节流装置四大件外,还配有储液器、干燥滤清器、气液分离器等辅助设备。

3. 空气加热系统

空气加热系统在低温时对进入车内的空气进行预热,对车内的空气进行加热,以保证车内空气的温度在规定的范围内。在空气温度较低时,通风系统向车内送风过程中,由预热器对空气进行加热,然后送入车内,而车内地面式加热器对车内空气加热,以补偿车体和门窗损失的热。空气加热系统通常包括空气预热器和地面空气加热器两部分。

4. 空气加湿系统

空气加湿系统在车内空气相对湿度较低时对空气进行加湿处理,以保证车内空气的相对湿度在规定的范围内。目前,我国在一般车辆的空调与制冷装置中不设加湿系统,仅在某些高级公务车及有特殊要求的车辆上才设空气加湿系统。加湿最简单的方法是采用电极加湿器。

5. 自动控制系统

自动控制系统控制各功能系统按给定的方案协调、有序地工作,以使车内的空气参数控制在规定的范围内,并同时对空调与制冷装置起自动保护作用。电气控制系统一般由各设备的控制电器、保护元件以及相关仪表和电路等组成。

四、城市轨道交通车辆空调系统的功能

根据车厢内部和外部的条件,城市轨道交通车辆空调系统具备以下功能。

1. 预冷(仅当空调系统首次得电并检测到车厢内有制冷需求时)

空调控制系统首次得电时会自动对空调系统进行安全检查,确认空调系统的状态是否正常。当自检完成,空调系统一切正常时,空调控制系统将会根据温度传感器监测到的车内温度、车外温度以及车内设定温度判断车辆有无制冷需求。当空调控制系统判断此时车内存在制冷需求时,将会自动进入预冷模式。

在预冷模式下,空调机组的新风门将会全部关闭,回风门全部打开,此时空调机组将使用100%的回风进行制冷。这样,最大的好处就是能节省能量,最大限度地缩短车厢降温的时间,使车厢内的温度尽快达到设定温度值。当车厢内的空气温度达到系统设定温度值和预冷运行15min以后,预冷模式将会自动结束。

如司机判断此时不需要运行预冷,可以通过驾驶台上的HMI中止预冷模式。

2. 制冷(分全冷和半冷两种模式)

当空调控制系统检测到车内有制冷需求时,将会运行制冷模式。其运行由空调控制器控制。当制冷回路出现压力保护(制冷回路高压保护或低压保护)或压缩机电动机过载时,控制器将会自动切换至安全运行状态。

空调机组能够提供两级制冷能力,以满足不同制冷需求下的运行要求:

(1)当制冷需求较大时,空调机组将运行全冷模式。此时压缩机将满负载工作,空调机组将输出100%的制冷能力。

(2)当制冷需求较小时,空调机组将运行半冷模式。此时,压缩机将启动旁通卸载,运行在减载工况,空调机组将输出约50%的制冷能力。

3. 通风

当空调控制系统检测到车内没有制冷需求时,空调机组将运行在通风模式。此时,压缩机将停止工作,制冷回路中的制冷剂将停止流动,只有送风机运行,为车厢内提供新风和回风。在送风机过载的情况下,控制器会自动切断电动机电源。当空调控制器检测到车内有制冷需求时,空调系统将自动转入制冷模式。

4. 紧急通风

当空调系统失去 AC 380V 电源时,空调将启动紧急通风。紧急通风时,空调机组制冷压缩机和冷凝风机将停止工作,新风门打开,回风门关闭,紧急逆变器将蓄电池提供的 DC 110V 电源变频变压为 AC 230V 电源供给空调送风机。此时,空调将向客室内输送 4000m³/h 的 100% 室外新风。紧急通风时,司机室通风单元的风机如果在此列车出现 AC 380V 电源恢复或蓄电池低压保护,列车空调机组将停止紧急通风。

◎ 图10-4 紫外线杀菌装置

5. 紫外线杀菌装置

紫外线杀菌装置(图10-4)安装在空调机组的回风口,由控制器控制其开关。

单元10.2 空调系统的组成及工作原理

一、空调系统的组成部件

广州地铁1号线车辆的每节车配有2台独立的车顶一体式空调机组,用于客室、司机室的通风,每节车2台机组的运行由一个 FPC20/2 控制板来控制。带司机室的A车还配有独立的司机室通风机,可通过手动旋钮对风量做多级调节。

正常情况下,由空调机组提供给每节车的总风量为 8500m³/h,在列车交流供电失效的情况下,提供客室和司机室紧急通风约45min,全部为新风。

在自动模式下,每节车的控制板根据环境气候条件来决定机组的工作方式,并自动调节机组的制冷量,保证客室的温度不高于27℃,相对湿度不大于65%。空调机组的出风口与车内主风道通过软风道连接,空调机组处理后的空气经车内主风道由送风口送达客室,达到调节车内空气温度、湿度的目的。

单元式空调机组具有结构紧凑、体积小、互换性好的特点,由于主要部件集中布置,缩短了连接管路,可减少管路的泄漏,且便于在车顶检修和维护。

1. 空调机组

广州地铁1号线车辆的空调机组由空气处理室和压缩机/冷凝器室两部分构成,并被组合在一个不锈钢制的箱体内,通过4个安装座与减振垫一起被固定在车顶上。其包括连接软风道在内的尺寸为2950mm×1850mm×455mm(长×宽×高),每台机组的质量为889kg,如图10-5所示。

(1)空气处理单元的部件主要有蒸发器、回风调节板、回风调节气缸等,如图10-6所示。

◎ 图10-5 空调机组结构

◎ 图10-6 空气处理单元

(2)压缩机/冷凝器室的部件主要由冷凝器、减振管、手动高压压力开关等组成,如图10-7所示。

2. 主要部件简介

(1)制冷压缩机。

制冷压缩机的作用是将来自蒸发器的低温、低压气态制冷剂压缩成高温、高压的气体。

◎ 图10-7 压缩机/冷凝器室

空调机组的制冷压缩机采用的是全封闭螺杆式压缩机(图10-8),压缩机、螺杆机构及供油系统组装在一个密封的机壳内。全封闭螺杆式压缩机具有结构简单、易损件少、压比大、对湿压缩不敏感、平衡性能好等特点。

空调机组采用的是双螺杆制冷压缩机,机体内装有一对相互啮合、旋向相反的螺旋形齿的转子,其齿面凸起的转子称为阳转子,齿面凹进的转子称为阴转子,齿槽、机体内壁面和端盖等共同构成了工作容积。

由于螺杆具有较好的刚性和强度,吸、排气口又无阀片,故一旦液体制冷剂通过,不容易产生"液击"。

(2)冷凝器和冷凝风机。

冷凝器为主要的热交换设备,高压、过热的制冷剂蒸气在冷凝器中放出热量后,凝结成饱和液体或过冷液体,如图10-9所示。

◎ 图10-8　全封闭螺杆式压缩机

◎ 图10-9　冷凝器

车辆空调系统采用的是空气冷却式冷凝器,制冷剂在管内冷凝,空气在管外流动,制冷剂放出的热量被空气带走。检修过程中需定期清扫和清洗冷凝器,其目的是增大换热器的传热系数,增大制冷剂和管壁间的换热系数,保证机组的正常运行和设计的制冷量。

为了增强换热时的空气流动循环,空调机组采用强迫通风的对流冷却,并通过两台轴流式风机(图10-10)来强化制冷剂在冷凝器中的凝结放热过程。两台轴流式风机通过引接高压处的压力,由控制器根据压力变化情况来控制风机的启停和运转台数。

(3)蒸发器。

制冷剂在蒸发器(图10-11)内吸热汽化,制冷剂在蒸发器内由液态变成气态,制冷剂在蒸发器内为汽化吸热过程。在蒸发器中,来自膨胀阀出口处的制冷剂通过分配器从管子的一端进入蒸发器,吸热汽化,并在到达另一端时让制冷剂全部汽化,从而吸收管外被冷却空气的热量,空气的热量被蒸发器内的制冷剂吸收后温度降低,达到冷却空气的目的。

◎ 图10-10　轴流式风机

◎ 图10-11　蒸发器

(4)送风机。

送风机(图10-12)为两台离心式风扇,兼有吸风和送风的双重功能。一方面,送风机通过新风格栅吸入新风,并使它与回风混合;另一方面送风机将经过蒸发器冷却、减湿后的空气通过风机输送到客室的送风管道,并送到客室内,达到调节客室温度、湿度的目的。

(5)热力膨胀阀。

热力膨胀阀位于冷凝器之后,它使从冷凝器来的高压制冷剂液体在流经热力膨胀阀后,压力被降低而进入蒸发器。它除了起节流作用外,还起调节进入蒸发器制冷剂流量的作用。通过热力膨胀阀的调节,制冷剂离开蒸发器时有一定的过热度,避免制冷剂液体进入压缩机。

当实际过热度高于设定点时,热力膨胀阀(图10-13)会让更多的液体制冷剂流入蒸发器;同样,当实际过热度低于设定点时,热力膨胀阀会减小流入蒸发器的制冷剂流量。过热度调节弹簧的张力可进行调节,静态过热度通过旋转螺母来调节;顺时针转动螺母可增大过热度,逆时针转动螺母可减小过热度。

◎ 图10-12 送风机

◎ 图10-13 热力膨胀阀

◎ 图10-14 液路电磁阀

(6)控制阀。

每台空调机组用的阀主要有压缩机的卸载阀、制冷管路上的液体管路电磁阀(简称液路电磁阀,图10-14)和手动截止阀、控制压缩空气风缸的组合电磁阀。

卸载阀为压缩机的能量调节阀,通过控制压缩机的排气量来控制制冷系统的制冷量。

液路电磁阀用于自动接通和切断制冷回路,它是由110V电源来启闭的截止阀。液路电磁阀依靠线圈通电产生的电磁力来开启,并依靠弹簧和阀芯的自重来关闭。它装在热力膨胀阀之前的液管上,与压缩机联动。当压缩机启动时,液路电磁阀打开供液管;当压缩机停车时,液路电磁阀切断供液管路。

手动截止阀是装在制冷管道上的阀件,在制冷系统需要检修和分解时起接通和切断制冷剂通道的作用。

列车上的T09阀开启和切断空调机组空气调节挡板驱动风缸的压缩空气,而空调机组内的组合电磁阀是由控制系统来控制其电源供给的,从而控制新风、回风风缸的压缩空气供给。

（7）储液器。

储液器（图10-15）用于储存由冷凝器来的高压液体制冷剂，以适应工况变化时制冷系统中所需制冷剂量的变化，并减少每年补充制冷剂的次数。在储液器的中部设有一个可视液面的浮球，机组运行到稳定状态后，若制冷剂充足则视镜中的小球上浮。

（8）干燥滤清器。

制冷系统在充灌制冷剂前难以做到绝对干燥，总含有少量的水汽。当制冷循环系统中存在水分时，一旦蒸发温度低于0℃，就会在节流机构中产生冰堵，影响系统的正常运行。

干燥滤清器（图10-16）中的干燥剂用来吸收制冷循环系统中的水分，滤清器用来清除系统中的一些机械杂质，如金属屑和氧化皮等，避免系统中出现的"冰堵"和"脏堵"。

◎ 图10-15 储液器

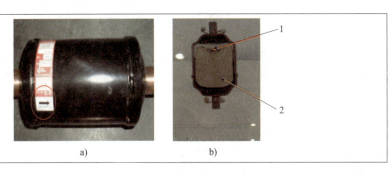

◎ 图10-16 干燥滤清器
1-玻璃棉层（过滤固体杂质）；2-分子筛（去除水分）

（9）流量/湿度指示器。

流量/湿度指示器用来显示系统运行时制冷剂的量和流动情况，而视液镜（图10-17）中心部位的圆形纸则用来指示制冷剂的含水率。当圆形纸遇到不同含水率的制冷剂时，其水化物能显示不同的颜色。圆形纸的颜色变化可显示制冷剂的含水率情况：正常、警示、超标。当圆形纸的颜色为紫色时表明正常，当圆形纸颜色开始偏红时说明系统中制冷剂的含水率已到了需加强跟踪的警示位置，一旦圆形纸颜色为粉红色，必须尽快更换干燥滤清器。

检修中，在制冷系统运行时，若流量指示器中出现气泡，必须确认管路是否有堵塞的问题；否则说明制冷剂量不足，需及时补加制冷剂，以避免系统因低压问题出现故障。

（10）压力开关。

压力开关的作用是监测空调机组制冷系统的压力，当制冷系统的压力异常高时,压力开关动作,使空调压缩机停止运行,避免意外事故的发生和设备的损坏。根据压力动作值的不同设置,压力开关有自动复位和手动复位两种类型。

(11)温度传感器。

空调系统分别在客室、新风入口、送风管道处设有温度传感器(图10-18),用于监测客室温度、环境温度和已处理空气的温度,通过对温度采样值的判断来控制空调机组的运行模式。

◎ 图10-17　视液镜

◎ 图10-18　温度传感器

(12)气液分离器。

如图10-19所示,从蒸发器来的制冷剂蒸气由进气管进入分离器后,气流突然转向和减速,把液滴分离出来,留在容器的底部,制冷剂蒸气则从出气管被压缩机吸入。

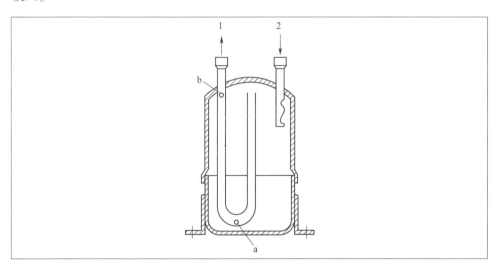

◎ 图10-19　气液分离器
1-去压缩机;2-蒸发器来;a-小孔;b-均压孔

二、空调系统的制冷原理

1. 空调系统的制冷过程

制冷剂在制冷回路中循环流动,并且不断地与外界发生能量交换,即不断地从被冷却对象中吸收热量,向环境介质排放热量。为了实现制冷循环,必须消耗一定的能量。其制冷过程如图 10-20 所示,制冷剂 R134a 蒸气在压缩机内被压缩,成为高温、高压气体,被分成两路,经两侧冷凝器的冷凝、冷却,通过冷凝风机吸入外界空气来强化对流,增强换热效率,且由控制压力开关来控制冷凝风机的运行台数,使经过冷凝器后的制冷剂成为常温高压的液体;液体制冷剂进入储液筒、干燥滤清器、流量显示器后,再次被分成两路,每一路都先通过液体管路电磁阀到达热力膨胀阀。制冷剂在热力膨胀阀中被节流降压,变成低温低压的气液混合状态,液体制冷剂在蒸发器管内吸收需冷却的空气热量,并由液态蒸发变成气态。气态的制冷剂被再次吸入压缩机,重新被压缩,经压缩机的不断工作和系统的往复循环,达到连续制冷的效果。

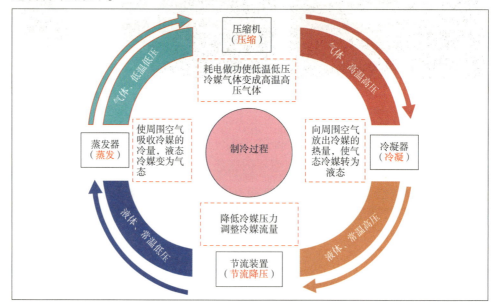

◎ 图 10-20　制冷过程

在制冷状况下,通过蒸发器的空气在蒸发器外被冷却,空气中的水分冷凝成水珠,通过机组上设的排水孔排到车顶上,最终通过设在车顶两侧的排水道排到车下。

2. 空气处理过程

空调系统采用的是上送侧回式送风方式,车外的新风通过新风口的挡水百叶窗和金属过滤网被吸入,并与部分来自客室的回风混合后被过滤,空气被滤后进入蒸发器,经过蒸发器后被降温、去湿,被送风机送到风道内,然后沿车上的送风道、送风口到客室,客室内的一部分空气从座椅下方及车内墙板的后面导向车顶排出车外,另一部分通过回风道成为回风,成为循环空气。在经蒸发器被冷却、除湿了的空气通过机组的两台离心通风机吸入后,被输送到客室的送风道,并通过送风道均匀地被分配到整个车厢中,如图 10-21 所示。

通过司机室的连接风道,与司机室相邻的空调机组将部分已处理的空气直接送到司机室,司机室内配有的独立风机可用来调节风量大小,通过顶部的旋钮来调节风量。风量调节范围设有三级,送风方向通过可调叶片调节。

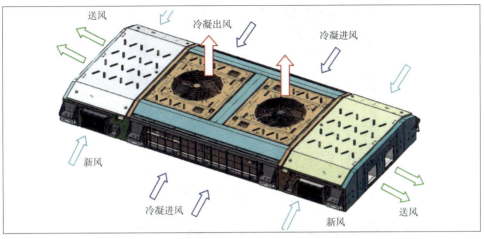

图 10-21 空气处理过程

单元 10.3 空调控制系统

一、概述

列车空调系统中,每节车都有一个控制模块,监控空调单元的运行。控制模块根据对比所需达到的温度和各个温度传感器的信号来控制空调单元的运行与否。空调控制系统还能监测空调运行的安全因素,保证空调单元高效、安全地运行。下面以广州地铁3号线北延段车辆空调控制系统为例进行介绍。

二、空调控制系统的组成

空调控制系统是由空调控制柜、相关传感器(如温度传感器、压力传感器等)和空调控制电路等组成的。

1. 空调控制柜

空调控制柜主要由2个空调控制器、断路器、接触器和电压探测器等主要部件组成,如图10-22所示。其中,空调控制器用来控制空调机组的2个空调单元和紧急逆变器,同时通过MVB网络与车辆进行通信,执行车辆发来的命令,发送状态信息、故障信息等,并自动记录空调的故障信息,供维护人员下载数据。因此,空调控制柜能控制车辆空调的通风和制冷,保证空调压缩机、冷凝器风机正常工作,还能对电气系统运行故障进行诊断、显示并进行保护,方便维修。当前,空调控制柜已实现电气控制系统的小型化、智能化和系统化,它能根据预设参数实现自动控制,减轻了操作人员的工作强度,避免了人为误操作引起的事故,便于操作和维护。

图 10-22　空调控制柜主要部件

1-断路器；2-空调控制器；3-接触器；4-电压探测器

2. 相关传感器

为实现空调自动控制，空调系统常设有若干传感器，主要由高压开关、低压开关和温度传感器等组成。其中，高低压开关是用来保护空调压缩机组的。当系统检测到管道压力过高或过低时，压缩机停止工作，从而起到保护空调压缩机的作用。温度传感器主要有 1 个车厢温度传感器、1 个新鲜空气温度传感器和 2 个送风空气温度传感器，其中新鲜空气温度传感器和送风温度传感器均安装在空调机组内。

三、空调系统的控制

1. 列车空调系统的开启和关闭

列车空调系统必须在激活端的司机室操作其运行或停机，通过按压设在副驾驶台的空调"开""关"按钮即可开启或关闭整列车的空调机组。若开停"空调 A"按钮则仅开停列车头端 A 车的空调机组。每节车的电气柜内均装有一个空调控制板和温度控制板。温度控制板可对单节车空调机组的运行模式和温度值进行设定，空调控制板控制每节车的两台空调机组，并能完成故障的诊断和记录。

2. HMI 空调界面

司机室内除了操作台上的三个按钮开关之外，其他所有对空调系统的操作均通过 HMI 进行。在 HMI 的主界面选择空调按钮，进入空调界面，如图 10-23 所示。

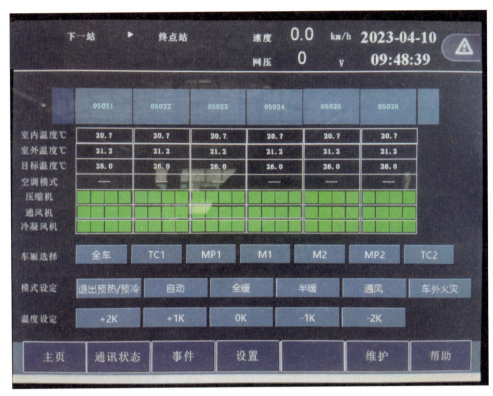

◎ 图10-23 空调界面

在空调界面中,空调机组的运行状态通过不同的符号来表示,便于司机快速查看各空调机组的运行状态。HMI 空调界面的各种符号表示状态和优先级,HMI 空调界面及含义见表10-1。

HMI 空调界面及含义　　　　　　　表 10-1

优先级	符号	指示的状态	优先级	符号	指示的状态
1	（红色风扇图标）	空调故障	5	（浅紫色风扇图标）	"限制制冷"模式,
2	（黄色风扇图标）	空调警告	6	（绿色风扇图标）	空调运行,无故障
3	（橙色风扇图标）	"紧急通风"模式,由蓄电池供电	7	（白色风扇图标）	空调断开,无故障
4	（白色风扇图标）	通风模式,由辅助电源供电			

203

3. 空调系统的控制模式

空调系统提供的四种控制模式分别为本机模式、集控模式、故障模式和减载模式。

（1）本机模式。

在本机控制时，通过控制面板上的 8 位开关，实现如下几种运行模式（图 10-24）：

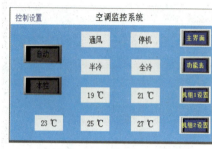

◎ 图 10-24　本机模式界面

①停机：当空调控制盘上的模式开关处于此位置时，空调机组停止工作。

②自动：空调机组根据 UIC553 曲线自动运行，调节车厢内的温度。在此模式下，VCU 可以向空调系统发送温度调节指令。

③试验：当模式开关处于此模式时，空调机组将对本机的主要部件进行检测，强制启动制冷。为保护压缩机，15min 后系统将自动转为通风模式。

④24℃、25℃、26℃、27℃、28℃模式：当模式开关处于任意设定值时，空调机组将以此为目标温度运行。当客室内的温度达到设定值时，空调机组自动转入通风模式。

（2）集控模式。

当空调控制板 8 位选择开关置于自动位时，机组就工作于集控模式了。此时可以通过操作司机室集控旋钮来开启或关闭空调，也可通过 HMI 选择图 10-25 所示的五种工作模式。

◎ 图 10-25　司机室集控按钮（左图）及五种工作模式（右图）

（3）故障模式。

当 MVB 故障，空调控制器与 VCU 通信中断时，空调机组将继续运行于当前的模式，直到达到需要改变运行模式时，自动转入通风模式或停机。压缩机不允许再次启动和加载。

①若空调机组当前处于停机模式，则继续停机。

②若空调机组当前运行于通风模式，将继续运行于通风模式。

③若空调机组当前运行于半冷模式，将继续运行于半冷模式，直到客室内温度

达到设定的目标温度,自动转入通风模式。

④若空调机组当前运行于全冷模式,将继续运行于全冷模式,直到客室内温度达到设定的目标温度,自动转入通风模式。

⑤若空调机组当前运行于紧急通风模式,则继续进行紧急通风,直到紧急通风45min 后停止。

(4)减载模式。

①当仅有一台辅助逆变器发生故障时,将不切除空调机组,发生故障的辅助逆变器所承载的负载自动分散到其余辅助逆变器。

②当两台辅助逆变器发生故障时,将切除每台空调中的一台压缩机,发生故障的辅助逆变器所承载的负载自动分散到其余辅助逆变器。

③当更多的辅助逆变器发生故障时,将切除全部的压缩机,此时将运行通风模式。

④当所有辅助逆变器均发生故障时,为保持客室的风量供应,紧急逆变器将被激活,并将电池提供的 DC 110V 直流电转换成交流电为送风机供电。在此情况下,两个使用正常电源 DC 110V 的回风门也将被关闭,每台机组中的回风阀将被阀门的弹簧恢复力驱动并关闭。所以此时只有新风进入车厢。由于回风阀的关闭对整个空气通道的影响很小,而根据风机原理紧急运行中的送风机的转速也是精心设计的,一节车厢的送风量可以达到 4000m³/h。在紧急运行中,司机室通风单元的风机关闭,在中央送风风道正压的作用下,送风被吹入司机室。

空调机组部件认知

图 10-26 为城市轨道交通车辆空调机组图,请填出序号 1~5 的部件名称。

◎ 图 10-26　城市轨道交通车辆空调机组图

1.＿＿＿＿;2.＿＿＿＿;3.＿＿＿＿;4.＿＿＿＿;5.＿＿＿＿。

复习思考题

一、选择题(含单选和多选)

1. 空调视液镜显示(　　)视为系统含水率超标。
   A. 红色　　　　　　　　　　B. 蓝色
   C. 绿色　　　　　　　　　　D. 黄色
2. 制冷时,空调各部件的启动顺序为(　　)。
   A. 压缩机、送风机、冷凝风机　　B. 压缩机、冷凝风机、送风机
   C. 送风机、冷凝风机、压缩机　　D. 冷凝风机、压缩机、送风机
3. 在空调机组中,起提升制冷剂压力和温度作用的部件是(　　)。
   A. 压缩机　　　　　　　　　B. 冷凝器
   C. 节流阀　　　　　　　　　D. 蒸发器

二、判断题

1. 制冷剂在冷凝器中需要放热。　　　　　　　　　　　　　　(　　)
2. 回风道是车厢与通风机之间,用于传输再循环空气的通道。　　(　　)
3. 现今城市轨道交通车辆空调选用的制冷剂主要有两种类型:R134a 和 R407c。　　　　　　　　　　　　　　　　　　　　　　　　　　(　　)
4. 城市轨道交通车辆空调的冷凝风机通常采用轴流式风机。　　(　　)

三、简答题

1. 简述车辆空调系统的作用。
2. 简述车辆空调系统的制冷工作原理。
3. 简述车辆空调系统主要由哪些部件组成。
4. 简述车辆空调系统的控制模式。

参考文献

[1] 邱志华,彭建武.城市轨道交通车辆构造[M].2版.北京:人民交通出版社股份有限公司,2021.

[2] 谢小星,刘延涛.轨道交通车辆检修机械维护:初级[M].北京:机械工业出版社,2021.

[3] 人力资源和社会保障部教材办公室,广州市地下铁道总公司.车辆检修工[M].北京:中国劳动社会保障出版社,2009.

[4] 李瑞荣,邱晓欢.城市轨道交通车辆电气故障分析与处理[M].3版.北京:中国铁道出版社,2023.

[5] 仇海兵,纪争.城市轨道交通车辆及操作[M].2版.北京:人民交通出版社股份有限公司,2019.

[6] 管春玲,许迎杰.轨道交通车辆制动系统维护与运用[M].北京:高等教育出版社,2021.

[7] 刘柱军,佟关林.城市轨道交通车辆制动系统[M].2版.北京:人民交通出版社股份有限公司,2017.

[8] 王艳荣.城市轨道交通车辆电气检修[M].2版.上海:上海科学技术出版社,2014.

[9] 彭育强,黎新华.城市轨道交通车辆机械系统检修[M].北京:人民交通出版社股份有限公司,2020.

[10] 张丽娇.轨道交通车辆车体结构材料轻量化产业发展及展望[J].新材料产业,2019(8):21-25.

[11] 刘敏,李友胜.城市轨道交通车辆故障分析与处理[M].北京:人民交通出版社股份有限公司,2019.

[12] 魏秀琴.城市轨道交通车辆列车制动系统[M].成都:西南交通大学出版社,2021.

[13] 席艳丽.地铁车辆制动国产化项目简介及典型故障分析[J].轨道交通装备与技术,2021(1):44-46.